영원으로 가는 길목에서

신앙 산문 시집

영원으로 가는 길목에서

최공훈 지음

나침반

너무 감동되고 은혜로운 순간에...

나는 시를 쓴다고 생각 해 본 적이 없다.
그런 생각을 가졌다면 젊은 날에 이상이 푸르렀을 때부터 썼을 것이다.
다만 선교지에 다니며 너무 감동이 되고 은혜스러워 성도들에게 선교지 보고를 하려고 보고 느낀 것을 즉흥적으로 쓴 글이기에 신앙기행시라고 이름을 붙여보았다.

이 책은 누구에게 감동을 주려는 것보다 주변의 권유로 나의 영원을 향한 노래를 나누기 위해 책 묶음을 만들었다고 할 수도 있다.
혹시 읽는 이가 있다면 영원을 한번이라도 더 사색하는 기회가 될 수 있길 바랄 뿐이다.

이 책이 나올 수 있도록 도움을 주신
김효강, 송현주 집사님과 교정에 수고
해 주신 이정란 집사님, 또 함께 주님
을 섬기는 예본교회 성도들께 감사한
다. 그리고 특별히 30여년을 동역하면
서 한 영혼처럼 되어버린 아내 김정아
사모와 우리 가정에 기쁨인 샤론이, 무진이와 기쁨을 나누고
싶다.

글을 쓰게하신 하나님께 모든 영광을 돌리며
최공훈 목사

목차

영원을 향한 순례

영원을 향한 순례

인간에게 영원보다 중요한 것은 없다

시간 없는 시간 속에서
어떻게 존재라는 것이
존재하게 되었는지
영원히 풀 수 없는
수수께끼인가.

시간 속에 사는
유한한 존재가
영원을 알려는 것은
마치 바닷물을
손바닥만한
모래 웅덩이에
다 담으려는 것처럼
어리석은 일이네.

그렇다면 영원은
어디서 온 것일까.
도대체 시작도
끝도 없는 영원은
무엇인가.
하나님이 말씀하시네.
나는 하나님이다.

내가 곧 영원이다.
나 외에는 영원이 없다.
나는 시작도 없고
끝도 없도다.
나는 스스로 존재한다.
오직 나만 스스로 있다.
그리고 모든 존재는
나로 인해 존재케
된 것이다.

내가 만유를 존재케
하였고 만물을 지었다.

모든 위대한 창조의
물결은 나로 인한 것이고
십자가 사랑의 물결도
나로 인한 것이고
종말 재림의 물결도
나로 인해 이루어진다.

그러나 분명히 알라.
내게는 존재하는
만물의 역사도
영원 속에 점 하나에
지나지 않는다.

아! 그렇다면
지구 행성도 우주 공간에
작은 점이요,
그 역사도 점의 점이요,
그 가운데 보이지도
않을 나의 존재의
의미는 무엇인가.

영원 속에 내 삶의
짧음을 무엇에
비유할꼬.

찰나에도 비교 못할
순간의 삶에 무슨
의미를 부여 할까.
그러나 그 찰나의
삶이 얼마나 귀중한가.
영원으로 가는 운명이
그 찰나 속에서
정해지는 것이
인간 존재의 운명 아닌가.

어떤 이는 오늘이라는
시간이 영원에의
절정이라고 말 하였네.

영원 속에 시간이 있다 해도
결국 없는 것과 같다네.
나는 찰나 속에서
영원을 만났고
영원을 알았고
영원을 소유했고
영원을 영원히 누리고자
오늘도 영원 속으로
순례의 길을
걷고 있네.

시간 속에 있는 것은
다 붙잡을 수 없는
옷깃 스치는 바람이요
아침나절의 안개요
저녁 굴뚝의 연기요
낙조의 그림자이니

그것을 잡으려는
인간의 삶이 얼마나
허망스러운가.

영원한 것은 영원이신
하나님이시다.
그 하나님을
붙잡으라.

소유하라.
그리고 누려라.

그 길은
영원하신 말씀을
붙잡고
가는 것이다.

말씀이 모든 존재의
시원이요 근원이다
또한 모든 존재는
말씀으로 살아질
것이다

찰나의 세상에서
확실한 것은 하나도
없도다.
오직
영원하신 하나님만
확실하다.
존재의 불확실 속에서
방황하는
길 잃은 인생들아,

말씀이 삼위
하나님이시다.

말씀이 영원이다.
말씀 붙잡고
가지 않으면

영원 밖에서
영원한 고통이 기다리고
있을 뿐이다.

오직 말씀만 붙잡고
가라.
저 신비한
영원 세계로
가는 순례도
영원인 것을…….

제1부

땅 끝까지도

선교지로 가는 길목에서 ...

나는 예배당에 처음 간 날 목사가 되어야겠다고 꿈을 가졌다. 그 때가 열 다섯살 중학교 3학년때다. 나는 그때 하나님의 말씀을 전하여 사람을 구원으로 인도하는 일이 가장 가치가 있고 귀한 일이라고 깨달았다. 그 꿈이 적중하였음을 신학을 하고 목회하면서 더욱 깊이 깨달았다.

창조주 하나님의 이 땅에 대한 비젼은 한마디로 인간의 영혼을 구원하는 것이다. 하나님의 아들 예수님이 이 세상에 오신 목적도 인간의 영혼구원이다. 하나님과 예수님의 이름으로 오신 성령님이 이 세상에 오신 목적도 영혼구원이다.

현대 우주 문리학이 우주의 신비를 다 밝혀 내는 것도 위대하다. 현대의학이 인간 인체의 신비를 다 밝혀 모든 병을 고치고 100년, 200년을 살게 해 주는 것도 위대하고 놀라운 일이다. 철학이 인간 존재의 의미를 다 밝혀 내고 깨닫게 해주는 일도 위대하다. 인간 삶의 의미를 깊고 깊은 예술이라는 이름으로 표현하는 것도 위대한 일임에 틀림없다.
그러나 그러한 일보다 참으로 중요한 것이 인간의 영혼이 구원받아 영원히 사는 것에 비하면 앞서 말한 것은 아무것도 아니며 비교가 불가능하다. 영혼구원의 가치와 비교할 수 있는 것은 세상에는 없다.

때문에 예수님은 마지막 말씀으로 아니 최후명령으로 "이 세상 모든 족속에게 가라", "천하 만민에게 가라", "땅 끝까지 가라 가서 복음 전하라"라고 엄하게 명령하셨다. 이 명령은 창조주 하나님의 명령이다. 십자가에 죽으시고 부활하신 만왕의 왕의 명령이다.

이 명령은 반드시 수행해야만 한다. 그러기에 목회를 시작하면서부터 선교에 관심을 가지고 선교사를 보내고 신학교를 세우고 교회를 개척하여 영혼을 구원하는 일에 힘쓰려고 하였다.

선교 초창기에는 선교지에 가서나 헌당식을 하면서 글을 쓰지 않았다. 구두로 성도들에게 보고만 하였다. 지금 생각하면 너무나 아쉬운 부분이다. 이 글들은 요근래 쓴 것 들이다.

나는 건강에 자신이 없어 선교지에 직접 가지는 못하지만 후방에서 선교사님들을 후원하여 한 영혼이라도 더 복음을 듣게 하여 구원받게 하는 일을 하다가 영원으로 가고 싶다.

사람들에게 듣고 싶은 이야기 딱 한마디가 있다면 "최목사는 선교에 미친 사람이다"라는 말이다. 실상은 선교의 흉내도 못 낼 만큼 부족하지만 말이다.

머잖아 태국 치앙마이 밀림축제에 3천명이 모이는데 그곳 사람들에게 피 묻은 십자가 복음과 다시 오실 재림 복음을 전할 것을 생각하면 가슴이 뜨겁고 설렌다. 무슨 말을 더 할 수 있으리...

예수님 사랑합니다.

바나바교회

처음 해외 오지 교회당 헌당식을 하고 [1]

내 생전 살아오는 동안
그날처럼 감격스러워했던
적이 있었던가.

섬나라 필리핀 앙겔레시티
열강들이 짓밟고 지나간
숱한 상처로 얼룩진 땅

피나투보 화산이 폭발하여
엄청난 죽음의 재앙이 할퀴고
지나간 땅에는 지금도
온 산야와 들녘이
화산재로 뒤덮여 있고

폭발했던 분화구는 아름다운
호수로 변하였고 주변은 온갖
새로운 형태의 환경으로 변했네.

그 화산 자락
해발 700미터 고지 바나나 숲속에
살고 있는 원주민들은 난쟁이 같은

---

1   15년 전 처음 해외 오지 교회당 헌당식하고 느꼈던 감격을 생각하면서.

족속 지금까지 어떤 문명과도
접촉한적 없는 원시인 중에
원시인처럼 살아가는 사람들

70도 경사진 높은 산정에다
콘크리트 건물을 세우는 일
도무지 불가능하였지만

선교사의 구령열정으로
천신만고 끝에 산봉-우리에다
하나님의 집 지었네.

억새풀과 바나나 잎으로
지은 두 세평 남짓한
오두막 지붕아래 살면서

낮에는 옷도 입지 않고
신발도 신지 않고
물도 전기도 없는 그 높은
산자락에 삶은 일 년 내내
목욕한번 못하고 비 오는 날이
목욕하는 날이라네.
집안에 세간이라곤
걸레 같은 헌옷 몇 벌과
취사를 위한 돌 세 개와
찌그러진 양판지기 하나

반나절 가서 길러오는 작은
물통 하나가 전부라네.
예배당 헌당하는 날도
산속 추장은 스모선수처럼
혼도시만 차고 예배당에
들어왔었네.

그곳에 세워진 콘크리트
교회당 건물은 그들에겐
조상대대로 꿈에도
생각할 수 없었던 구원의
산성이요 천국과 같은 집이라네.

헌당식 하던 날 3시간을
가쁜 숨 몰아쉬며 새 예배당에
올랐을 때
그 산정에 울리는 맑고 청아한
찬양소리는
그야말로 천상에서 들려오는
찬양이었네.

악기도 악보도 없는 그곳에
온몸에 땀을 비 오듯 쏟고
춤추며 부르는 찬양 앞에
우리는 한없이 부끄러웠네.

저것이 진짜 진짜 찬양이다.
태고의 원시족 처럼 살아가는
저들과 함께 예배드릴 때

얼마나 감격하고 기쁨과
감사의 눈물을 흘렸던가.

가져간 선물 나누고 바나나 잎을
식탁 삼아 음식 나눌 때
천국의 잔치였다네.

아, 선교란 은혜 베푸는 일이
아니다. 은혜 받는 행복한
일이구나.

그 높고 험한 화산지역 산봉우리에
교회 시작한지 불과 3,4개월
지났는데 그날 예배드리러
모인 사람들은 남녀노소
할 것 없이 모두 200여명

그 중에서 20명 세례 베풀고
10명의 신학생 탄생하였으니
아, 이것이 선교구나.

구령에 대한 열정이

화산지대 마그마처럼
분출해 올랐네.
영원히 잊지 못할 선교지
첫 헌당예배
아마도 예수님 세리장
삭개오의 집에서 느꼈던
기쁨이 이 기쁨이 아니었을까!

이 기쁨 맛보러
지구촌 오지 오지에 60여
교회당 건축하고 기쁨 보람
누리고 있으니

주님의 기쁨이
이 죄인 괴수의
참 기쁨 되었네.

주님 오시는 그날까지
쉬지 않고 잠들지 않고
이 길을 가려네.

인도 복음 나그네

인도 어느 게스트 룸에서 [2]

천만년 역사 위를
벗과 함께 돌아보니

영웅들의 지나간 자리는
희뿌연 먼지처럼 희미하고
천하를 호령하던
제왕들의 영화는
잊혀진 꿈처럼 허망하네.

아직도 잃어버린
영혼들은 잠들어 있고
새벽닭은 울 줄을 모르네.

무지한 저 영혼들에게
복음만이 새겨진다면
그것만은 영원할 터인데

새벽의 주인은
오늘도 이 나그네가
뜨거운 눈물로... 흐느끼게 하네.

---

2 광주겨자씨교회 나학수 목사님과 함께 단기선교차 인도 선교지와 문화탐방을 하
고 너무나도 열악한 복음의 환경을 보면서.

네팔의 희망

네팔 카투만두에서... 3

아! 나는 몰랐네.
이 영산의 나라가
이토록 미혹의 땅인 것을

혼란의 세계요
절망의 계곡이요
허무의 왕국인 것을

길이 보이질 않네.
희망이 없네.
그야말로 카투만두요
음부와 같네.

보이는 것은
저주요 진노요
심판 뿐이네.
왜 이다지도 가슴이
답답해 오는가.
심장은 터질 것만 같고
영혼은 파리해지려 하네.

---

3 이춘심 선교사님의 네팔 선교지 카투만두 예수대학교와 주변 문화를 탐방하고 3
억 3천의 귀신을 섬기고 수많은 우상숭배와 피의 제사를 드리는 모습을 보면서.

아! 가녀린 여인의
흐느끼는 기도 소리 슬프고
산고 하는 신음소리가
안타깝기 그지없네.
그러나 나는 믿네.
밀알의 진리를

에스겔의 물의 환상을
담쟁이 넝쿨의 진리를

주여!
이 땅은 당신만이
필요한 땅입니다.

저 무지하고
불쌍한 영혼들도
당신만을 섬길 수 있는
축복을 주소서.

히말라야 신비

네팔 히말라야 길기리봉 계곡에서 [4]

생각할 수 없는 영원 속에서
영원하신 분
존재함이 신비하고
그로 인해 존재하는
모든 것이 경이롭네.

오늘 그 모든 것을
사색하는 내가 존재함도
신비하고 모든 불가사의를
사유함이 떨릴 뿐이네.

히말라야 만년설은
위에서 보나 아래서 보나
그 웅대 장엄함에
입 다물지 못하겠네.

사람의 발길이
세계의 지붕을 밟았다지만

천만년을 간직해 온

---

4 네팔 단기 선교팀과 해발 3천미터에 지은 교회와 선교센타를 보기 위해 경비행기
를 타고 눈덮인 히말라야를 내려다보고서 너무나 신비하고 감동이 되어서.

태고의 신비를
하루살이 같은 인생이
어찌 헤아릴 수 있으랴.

그렇다네. 신비한 히말라야도
이 땅에 점 하나요,

이 땅은 무한천공을 흘러가는
먼지 하나일 뿐이네.

내가 더 떨리는 것은
영원에 대한 신비이네.

그 신비함에
바오로도 미치었고
요한도 기절했었네.

아! 모든 신비를 만드신
한없이 존귀하신 그분께
세세히 엎드려
경배 드리네.

네팔 송시

네팔 포카라에서 [5]

저주의 땅을 보고
분노하며... 절망하였습니다.

히말라야 산 자락에선
창조의 장엄함에
숨 막히고... 가슴 떨렸습니다.

포카라에서는
네팔을 사랑하시는
하나님의 눈물을 보고
가슴을 보고... 소망이 생겼습니다.

땅도 보고 하늘도 보고
천국도 보고... 지옥도 보았으니

떠나는 발걸음
무겁지만은 않습니다.

---

5   처음에는 네팔선교에 좌절하였으나 오지교회를 돌아보고 희망이 생겨서.

깟몬을 다녀와서

필리핀 세부 두란노 신학교 게스트 룸에서 [6]

아직도 눈앞에 선하게
떠오르네. 코코넛 야자 숲속에
살고 있는 사람들의 모습이

얼마나 순수하던지
얼마나 착하고 선하게 보이던지

어른들의 꾸밈없는
그윽한 미소는
천 마디 언어보다
가슴 깊은 교감을 느꼈네.

아이들의 별빛 같은 눈망울은
아침 이슬처럼 맑고
티 없이 맑은 웃음은
천사들의 모습이었네.

그들은 우리의 거울이 되어
세속에 때 묻고
문명에 오염되어

....
6 필리핀 세부 코코넛 밀림지역에 개척한 교회를 헌당하기 위해 갔다가 코코넛 밀
림속에 지어진 교회당이 너무나 아름답고 그곳 사람들이 너무나 순수하여 마치 에덴
같은 곳이어서.

일그러진 우리들의 모습
볼 수 있었네.
나는 저들에게 말해 주었네.
그대들은 이 세상에서
가장 아름다운 곳에 살고 있는
행복한 사람들이라고.
그리고 하나님을 경외하고
주님만을 믿고 섬기면
세상에서 가장
복 있는 사람이라 하였네.

주여! 그곳에 세워지는
당신의 집을 인하여
잃어버린 에덴을 회복하소서.

그리하여 당신의
가장 기쁨이 되는
백성을 삼으소서.

간밤에는 천둥 번개가
성난 사자처럼 울부짖고
창가엔 비바람
세차게 몰아치더니

이제는 낯선 이국의 달빛이
나그네의 창가를

처량하게 비춰주네.

아, 달빛보다 더 밝은
아니 햇빛보다
더 밝은 하늘

우리 아버지의 얼굴빛으로
그림자처럼 덧없는 하룻길
인생을 비추소서.
영원히 비춰주소서.

파미르 고원

파미르 고원 계곡에서 [7]

말로만 들었던
세계의 지붕
파미르 고원을 보았네.

수만 리에 이어진 고원은
웅대무비하고
그 장엄함은
인간의 필설을 부끄럽게 하네.

아름다운 산자락에 오르니
하늘은 손에 잡힐 듯 가깝고
눈앞에 쏟아지는
밤하늘 별빛은
어찌 저리도
밝을 수 있다는 말인가.

하늘 이 끝에서 저 끝까지 펼쳐진
신비한 별나라의 장관 앞에
심장은 소녀의 가슴처럼 설레고
영혼은 경이로움으로 떨려오네.

....
7 타지기스탄 김광수 선교사님의 선교사역지에서 타지기 젊은이들과 러시아 젊은
이들과 함께 4박5일 수련회를 인도하면서.

이곳에서만 볼 수 있는
태고의 모습 그대로인가.
하늘 별 바람 산
아름다운 계곡은
창조의 위대한
영광을 보게 하네.
이 찬란한 대 자연의 땅을
고대의 영웅들은
창검으로 정복했지만

그들이 지나간 성터엔
잡초만 무성하고 허물어진
사마르칸트 망루 위엔
외로운 달빛만 처량하네.

이 나그네 이곳을 지나감은
허망한 탐욕 때문도
아침 이슬 같은
찰라의 영광을
얻으려 함도 아니네.

오직 영원한 구원의 복음 들고 와
주님의 심장으로
복음의 피를 뿌리고 돌아가네.

인간의 만사는
다 바람 잡는 것
복음만은
영원한 것을 믿네.

주여! 타지기의 젊은이들이
주님의 밀알 되게 하소서.
저들의 나라가
주님의 나라 되게 하소서.

어둡고 황무한 이 땅에
복음의 꽃이 피게 하소서.
파미르가 무슬림의
구원의 지붕이 되게 하소서.

아! 백투 예루살렘은
이루어지고
아무도 막을 수 없는
왕의 대로가
열리는 그날이 가까오네.

하나님의 고통

네팔 카투만두에서 [8]

세상 이곳저곳을 둘러보면은
볼 것도 많고 배울 것도 많다네.

심지어는 원수에게도
배울 것이 있다는데
배울 것이라곤
하나도 없는 곳은
이 곳일세.

스스로를 세상에서
가장 행복한 사람들이라
자인한다지만
그것은 참된 진리를 찾지 못한
환각일 뿐이네.

3억 3천의 귀신을 섬긴다는 백성들
그들의 주인이 그들에게 줄 것은
저주와 고통뿐이네.

온 세상은 분초를 다투며

----

8 네팔 신학교 세미나를 위해 이광복 목사님과 히말라야 선교 이사들과 함께 갔다 첫날 쓰러져 호텔에서 고통하면서 쓰게된 글이며 귀국하여 췌장암 말기 판정을 받았다.

진보를 위해 질주하건만
날이면 날마다 망할 길로
달려가는 저들의 모습이
안타깝기 그지없네.

한 치 앞을 볼 수 없는
혼란과 혼미가
보다 나은 발전을 향한 대가라면
의미 있는 고통이라고
격려라도 보내야겠지만

나는 저들의 무지를 탄식했네.
나는 저들의 저주를 조롱하였네.
나는 저들의 불행을 비웃었네.
나는 저들의 고통에 무관심하였네.
나는 저들의 신음소리를 외면했네.
나는 저들의 절망을
불신앙의 당연한
결과라고 정죄하였네.

오늘까지 온 세상 영혼
살려보겠다고
거룩한 꿈을 품고
순례의 길을 걸었지만
금번처럼 후회하며
고뇌의 밤을 보낸 적이 없었네.

고통의 원인을 찾으려고
신음하며 눈시울 적시며
기도했네.

주여!
저 천만년을 칠흙 같은 어둠속에서
방황하는 네팔의
불쌍한 영혼들에게
생명의 빛을 비추어 주소서.
복음의 길로 인도하소서.

주님이 저들의 목자가 되소서.
저 고통 받는 영혼들을 건져 주소서.
악마의 사슬에서 풀어 주소서.
비록 가난한 땅에 태어났지만
저들에게도 아브라함의 품을 주소서.

저들의 가난의 고통보다
저들의 허무의 고통보다
저들의 불신앙으로 받게 될
영원한 고통 때문에
하나님이 고통하고
있음을 알겠나이다.

하나님은 나사로 때문에
고통하지 않으셨나이다.

그 부자 때문에 고통하고
있음을 알겠나이다.

그리고 잃은 자를 향한
진정한 사랑은
먼저 그 영혼을 위해
겟세마네 동산에서
피눈물로 통곡하시던
주님의 기도인 것을…….

마사이족

마사이족 근처 게스트룸 화장실에서 [9]

검은 대륙의 지붕
만년설 킬리만자로는
아직도 눈에 잡히질 않고
아스라이 멀기만 합니다.

그 옛날 용맹의 전설을 가진
마사이 용사들의 싸움소리가
밀림에서 들려오는 듯합니다.

....

9 탄자니아 황득연 선교사님의 선교사역지 마사이족이 사는 오지에 교회를 개척하
여 헌당식을 하면서 밀림 속에 세워진 교회와 환경이 너무나 아름답고 신비하여서.

아직도 문명의 이기가
미치지 않는 곳
어릴 적 고향의 모습을
느끼게 합니다.

우리 고향에도 자동차도
TV도 신문도 없었습니다.
전기도 아파트는
더더욱 없었습니다.

콘크리트 가옥도
아스팔트 도로도 없었습니다.
스마트폰은 꿈에도 없었고
오염이란 글자도 없었습니다.

끝없이 높고 푸른
창공에 흘러가는
구름만 보여서 좋습니다.
숲속에 평화롭게 뛰노는
짐승 떼만 보여서 좋습니다.

쏟아지는 밤하늘에
보석 별빛은
소녀의 가슴처럼
설레고 신비합니다.

이상한 나라 앨리스에 와 있는가.
생전 처음 보는 이름 모를
기이한 나무들은
꿈속에서나 보는
어느 별 나라 같습니다.

혹시나 태고의
그 에덴이 이곳이 아니었을까.
착각하게 합니다.

병들어 죽어가는
문명의 이기를
저들은 부러워하겠지만

그것만이 참 행복이 아님을
빨리 깨달았으면 좋겠습니다.

이 천혜의 정원 속에
세워진 주님의 교회가

땅과 하늘의 참된 행복을
누릴 수 있는 곳임을
알기를 기도드립니다.
수많은 동물 떼들은
광활한 사바나의
대초원을 질주하고

끝이 보이질 않는
지평선에 일출과
저녁노을의 장관은

대자연이 만들어낸 신비 앞에
무어라 형용 못할
가슴만 벅차고 떨리기만 합니다.
노예의 나라로
슬픈 역사를 간직한 어둠의 땅
아직도 그늘진 저들의 모습이
가슴을 아프게 합니다.

그러나 역사는
아이러니합니다.
사람의 노예가 되지
않았음을 자랑하는
마사이족을
하늘의 노예 삼기 위해 여기 왔습니다.

주여!
마사이를 구원하소서.
마사이를 축복하소서.
마사이의 목자가 되사
당신의 양떼로 삼으소서.

마사이여 일어나라.

탄자니아여 일어나라.
그리스도의 영광스러운 용사가 되라.

그 옛날 원수들을
진리로 정복하라.
복음으로 맺힌 한을 풀어라.

이제 그대들의 왕은
하늘의 그리스도이시다.
그대들의 사령관은
주 예수이시다.

마사이의 후예들이여
하늘의 군사가 되라.
하늘의 영웅이 되라.

무너지지 않는 성벽은 없다

미얀마 내지 선교지를 돌아보면서 [10]

일 년 중 비가 오지 않는
건기 철이건만
어찌하여 때 아닌
밤비가 그칠 줄을
모르고 창가를 때리는가.

낯선 나그네는
이국땅에서
잠 못 이루고
뒤척이네.

어제는 이곳 사람들이
부다를 위한 절기라고
온 세상 난리였네.

부다는 신이 아니건만
부다는 자신이 신이라고
가르친 적이 없었지만

나를 경배하라.

---

10 미얀마[버마] 김동연, 이승기, 김영욱 선교사님을 통해 교회당 21개를 건축하고
헌당식을 다하면서 버마족 복음화가 너무나 힘든것을 보고서.

진리를 설파한 적이 없었건만

어찌하여 저들은
참 빛 앞에서 눈을 감는가.
참 진리에 귀를
막아 버리는가.
건기 철 폭우는
축복이라지만

양철 지붕을 부딪치는
세찬 빗소리는
우상숭배를 향한
신의 진노의 소리인가.
안타까운 사랑의
눈물인가.

주여! 얼마나
더 기다려야 하나요.
얼마나 더 참아야
하나요.

한 영혼 천국 가기가
산 호랑이 이빨을
뽑는 것 보다 불가능하다는
옛 선지자의 탄식이
가슴을 더욱 아프게 하네.

세상에서 가장
복음의 접근을
허용 않는 부다족을
난공불락이다 선언하고
돌아선 지난 역사들이
마음을 답답하게 하네.
그러나 역사에
무너지지 않은 성이
어데 있었는가.

난공불락 여리고성도
금성철벽 바벨성도
한낱 먼지에 지나지
않았네.
철의 제국 로마마저도
초대 성도들의 신앙에는
모래성이였네.
우주 가운데
하나 밖에 없는 진리
십자가 복음 앞에
무너지지 않는 것은
존재가 불가능하다네.

다만 하나님의 시간이
문제일 뿐······.

주여 당신의 종들의
잃어버린 영혼을 향한
신음소리 통곡소리
뜨거운 눈물의 기도 소리를 들으소서.

오늘도
주의 사도들은
부다인의 영혼을 위해
겟세마네의
주님의 사랑을
주님의 눈물을
주님의 기도를 드리고 있네.

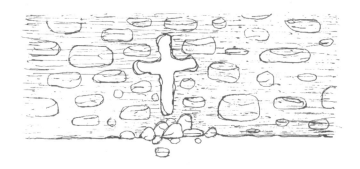

차마고도

차마고도 미우교회 헌당식을 마치고 [11]

그 언젠가 차마고도 사람들을 보고
가슴이 불타올랐네.
누군가는 저들에게
십자가 복음을
전해 주어야 할 터인데…….
세상에서 가장 높은 곳에
사는 사람들
어떻게 저런 곳에서 인간의
생존이 가능할 수 있을까.

깎아지른 벼랑 위에 사는 사람들
까마득한 산정에 사는 사람들
위험스러운 산비탈에 둥지를 틀고
힘들게 삶을 이어가는 사람들

왼종일 저들의 둥지를 올려다 보다
마음도 아프고 고개는 병들려 하네.

그러나 난 보았었네.
저 절벽 위에 간신히 몸 붙이고

---

11 지구상에서 가장 험하고 가장 오지 고산지대인 차마고도에 교회를 건축하고 헌
당식을 하면서 벼랑 위에 둥지를 틀고 새들처럼 살고 있는 신앙인들을 보면서.

사는 사람들은
슬픔의 사람들만은
아니었네.

세상 온갖 인고의 짐을 짊어진
가난한 사람들만은 아니었네.
고통을 운명으로 알고 버티고
사는 사람들은 아니었네.

고달픈 삶에 찌들린 피곤한 모습보다
모든 것을 달관한 수도자들처럼
초연한 자유인이라고
말하고 싶네.

오히려 저들은 세속에 물들어
병들고 오염된 사람들 보고
천사와 같은 환한 미소와
천상의 찬양으로
낯선 나그네들을 맞아주었네.

티 없이 맑고 순수한 모습이
우리들 영혼을 평안하게 해주었네.
저들이 산비탈 새 성전에서
할렐루야 찬양을 드릴 때
협곡에 울려 퍼진 메아리는
하늘 보좌를 맴돌았네.

와! 하나님 얼마나 기뻐하실까.
여기가 에덴 아닌가. 천국이 아닌가.
아스라이 내려다보이는 노강은
에덴의 생명 강이요,

하늘에 닿은 듯 깎아지른 태산은
하나님의 산성이요 피난처이네.

아, 어쩌면 저들은
우리보다 행복하지 않을까.
실낙원 인생은 어디에 살아도
같지 않은가.

십자가 복음 때문에
이 죽음의 협곡이
천국으로 변했네.

삶의 행복은 소유에 있지 않고
복음에 있다는 진리를 믿기에
돌아서는 발걸음이
무겁지만은 않네.
복음 계곡 강물아, 힘차게
흘러 흘러 오대양을 적시거라.

천만년을 외로운 차마고도여.
천국 가는 생명의 길이 되어라.

마라나타 왕도를 예비하는
서진이여 영원하라!

네팔 선교의 승리

네팔 비라타 나가로 교회 헌당식 즈음하여 [12]

힌두의 나라에 다시 왔네.
우상의 왕국을 다시 보게
되었네.

사탄은 이 땅에 그리스도의
왕국 세워짐을 그렇게도
싫어하여

욥을 쳐서 죽음의 블랙홀
속에 던져 버린 것처럼
복음의 용사를 사망의
골짜기에 던져 버렸네.
복음의 사자 바울이
루스드라 죽음의
쓰레기장에서 일어나

---

12 췌장암으로 죽음에서 회생하여 다시 네팔 오지에 교회건축하고 헌당식을 하면
서 마귀가 끝까지 땅끝 복음전도를 방해하였지만 승리하여 다시 네팔 선교를 하면
서.

다시 사자처럼 포효하였듯이

나도 사지에서 일어나
다시 복음 들고 와서 외치네.
주여, 두려워 말게 하소서.
다니엘처럼 담대하게 하소서.

이 어두움의 땅
사탄의 도성을
무너뜨리고
하나님의 나라를
건설케 하소서.

주여!
도단성의 엘리야의
은총을 주소서.
하늘의 군대로
옹위하소서.

주여!
이 땅을 주님이
다스리는 왕국이
되게 하소서.

그것만이 이 땅의
희망입니다.

다시 한번 이 땅의
어두운 영혼을 위해
주님의 눈물을
흘리나이다.

네팔의 하늘에서

네팔 간지 선교지행 경비행기 안에서 [13]

저 멀리 만년 설산 히말라야는
태고의 모습 간직한 채
병풍처럼 서 있고

설산 아래 솜털 같은
뭉게구름 천만 상을
만들며 흘러가네.

푸르디푸른 봉우리 위엔
인가들이 점점이
수놓아져 있고

끝없이 구부러진 협곡엔

---

13 네팔 가장 오지에 개척할 선교지를 보기 위해 나학수 목사님과 이윤삼 목사님과
함께 경비행기를 타고 히말라야 산아래를 지나면서.

맑은 물이 세월없이
흘러가네.

아, 지난여름 그 무더위에
시들고 지친 내 몸도
세속에 찌들어진 내 영혼도
천국에 와 있는 듯
시원하네.
입의 기운으로 지으시고
그 손끝으로 이 신비함을
만드신 창조주께

영혼의 옷깃을 여며
찬양하고
복음의 순례자는
흐름 없는 영원을
가슴 벅차게 꿈꾸며
푸른 창공을
흘러가네.

땅에서 본 네팔

네팔을 떠나면서 [14]

네팔은 언제나
눈 덮인 만년 설산만
있는 줄 알았네.

깊고 험한 협곡만
있는 줄 알았네.

위태로운 산비탈에만
사람이 사는 줄 알았네.

저주와 가난을 운명처럼
짊어진 불행한 사람들이라
생각했지만
그것은 장님 코끼리
만지는 편견이었네.

끝없는 지평선
하늘에 닿은 태산
깊고 깊은 협곡
맑은 물 유유히 흐르는 강

....

14 평소 생각하기를 네팔은 모든 나라가 거의 높은 산으로만 이루어진 나라로만 알
았는데 너무나 비옥한 농경지와 밀림과 초원을 보고서.

백향목 같은
울창한 산림
넓고 이상한 밀림

그 속에는 태산 같은 개미집
나무 잡아먹는
덩쿨 나무

이름 모를 새 울음소리들은
하늘의 합창 같고
햇살에 반사된 은빛
나뭇잎들은 아름다운
꽃으로 찬란하게 빛나고

강가엔 미풍에 춤추는
억새 풀밭 끝이 없네.

아담만 보이지 않을 뿐
에덴이 어디 따로 있던가.
소돔도 한 때는 에덴이었거늘

어둠이 서서히
걷히는 설산 위에
떠오르는 일출의
광경은 보좌를 베푼 천국을
방불케 하네.

일출 노을에 반사된
하늘에 구름은
보좌를 둘러선 천사들처럼
장엄하네.

천국 같은 모습도 보고
지옥 같은 모습도 보니
공평하신 하나님 앞에
감사기도 드리네.

슬럼가에 예수학교

인도를 처음 방문했을 때를 기억하면서 [15]

인더스 갠지스 강변에
장구한 역사를 가진
문명국가 인도

온갖 신비함으로 가득 찬
고대 문명 제국 인디아

언젠가 가보고 싶었던

----

15 인도 델리에 이정근 선교사님의 선교지 델리 신학교와 사마르칸 슬럼가에 어린
이 학교를 세우고 그곳을 돌아보고 말로 형용못할 만감이 교차하여서-현재는 어린
이 학교 11개, 학생수가 2천여명이다.

그 땅에 복음 들고 순례의
길 떠났네.

처음 수도 델리에
발을 딛던 날
이슬람과 힌두의 제국들이
흥망을 거듭하였던
찬란한 제국의 흔적들은
긴긴 역사 속에 담긴
깊은 의미들을
조금씩 눈뜨게 하였네.

아그라에 남아있는
무굴제국의 영광은
온 세상 사람들 경탄케 하고

자이푸르에 고대 제왕들의
영화로움에 입 다물 수 없었네.

아잔타 석굴 속에
수놓아진 신비한 붓다의
문화는 숨쉬기 힘들 만큼
놀라웠네.
엘로라에는 시대 속에 수많은
의미를 갖고 세워진 이상한
신들의 집들은

인간이란 얼마나 종교적
존재인지
윤회와 무상의 허무한
진리를 위해서 저토록
생을 바쳐 존재를 던지며
추구하였다면
저들은 무엇을 깨닫고
행복해 하였을까.

아울라 타바드 천연 요새의
지략은
제갈공명마저 탄복할
병법과 지혜인 것 같네.
아, 그런데 왜 하늘 찌를 듯
옛 영광이 가득한 나라가
온 거리는 쓰레기장으로
변하고
짐승 떼 우굴거리는 동물
우리 같은가.
힌두 문명의 시원지
갠지스 강변 바라나시는
장구한 역사와 함께
발전하고 진보하여 땅은
천국처럼 아름답고
강물은 생명수가
흘러야 하건만

지옥 안방보다 더
참혹스러운 모습 앞에
눈을 감고 싶었네.

성자들이 마지막 죽음을 준비한다는
부다와 힌두의 성지가
어떻게 이렇게도
추악할 수
있다는 말인가.

썩은 시체들로 생명 잃은
더러운 강물을
성수로 신처럼 떠받들며
영생을 추구하고

강변에 세워진
죽음의 대기소는
뱀들이 우굴거리는
지옥의 절벽 같았네.

온갖 짐승들과 함께
뒹굴며 사는 모습은
짐승들을 신으로 섬겨야 하는
운명이기에 어쩔 수
없다는 말로 설명이
가능할 수 있는 것인가.

힌두와 붓다의
시원지에 대한 기대가
안개처럼 사라지고
미혹의 진리를
운명으로 받아드리고

생명 없는 허무한 길 속에
무지의 옷을 입고
방황하는 저들을 어떻게
영원한 길로 인도할까.

생명에 대한 책임으로
마음만 무거워지네.

문화가 다름으로
모든 것을 받아들이고
이해해야 함이
문화인이라지만
21세기 문명시대에
인간이란 사실이
너무나도 부끄럽게
느껴질 뿐이네.

수도 델리 싸마르카
지역은 얼마나 오물 속인지
도무지 짐승도 살기가

불가능한 썩고 오염된
토담과 움막 속에 살고 있는
사람들은

세상에 수많은 오지들
다니면서 안타까움에
가슴쓰리고 아픔에 눈물 흘렸지만

이곳에서는 한 시간도
머물고 싶지 않은
차라리 지옥은 이곳보다
낫지 아니할까.
나누어 주는 비스킷 한 봉지
얻으려고 벌떼처럼 달려드는
사람들의 모습에 극한 배고픔이
참된 인간의 모습마저
상실케 하는 고통임을 보았네.

그곳 파리 재앙 속에
쓰레기만큼도
눈 여겨 보지 않는 버려진
아이들이 지천으로 널려있으니
이 참담한 비극 앞에
소리 없이 눈물만 흘렸네.

무엇으로 저들을 위로할꼬.

무엇으로 저들의 아픔을 싸매어 줄꼬.
무엇으로 저들에게 희망을 줄꼬.
무엇으로 저들의 인생의
허기짐을 채워주고 복된 길로 인도할꼬.

창문도 없는 그 곳에
허물어지는 흙담집에다
예수님 학교 세웠네.

하늘의 이야기를 들려주려고
생명의 진리를 들려주려고
십자가 복음을 들려주려고
다른 길이 없었기에
먼저 배움 주고 빵 주고
예수님 주고 싶어서
그것만이 저들에게
소망이 되리라 믿기에

선교사는 나에게 말했네.
타지마할은 세 번을
와야만 참뜻을
알 수 있다고 그 아름다움의
깊은 의미를 깨달을 수 있다고

그러나 나는 말해 주었네.
타지마할은 만 번을

보아도 의미가 없는 건물이라고

비록 그것이 사랑하는 여인의
죽음을 잊지 못해 나라가
쓰러질 만큼 많은 재화를 드려
건축한 불가사의한 세기의 걸작품으로
온 세상을 경탄케
한다 하여도 그것은 한낱
한줌의 썩은 시체의 흙먼지를
덮어놓은 생명 없는 대리석
무덤에 불과하다고
이집트 피라미드도 비록
파라오의 영생불사를 위해
20년 동안 10만 명이 3개월씩
교대하며 2.5톤의 돌
230만 개로 146m의
지구라트 같은 불가사의
무덤을 만들었지만

그것 또한 허무한
시체를 덮어 놓은 생명 없는 돌무더기에
불과하다고

모로코에 있는 왕궁묘도
비록 금으로 궁묘를
만들었다지만

썩은 시체를 값비싼 황금으로
덮어 놓았을 뿐이요

진시왕의 병마총도
진 제국의 영화를 무덤 속에
넣었지만 그것이 제아무리
태산처럼 높고 장엄하여도
생명 없는 흙무덤에
불과한 것을

묘비도 없는 쓰레기장
공동묘지와 무엇이
다르다고 항변하려는가.

비록 세상에서
버림당하고 파리 목숨
보다 못하게 여김 당해도

그 속에 예수 생명만
소유했다면
그곳이 하늘 천국이요
하늘의 궁전이요
하늘의 보좌라네.

생명이 있는 것과
생명이 없는 것은

하늘과 땅이요
천국과 지옥이라네.

그러기에 슬럼가에
아이들이 비록 돼지우리 같은곳에
참담하게 버려졌다 해도
생명을 가진 자들 되었으니
어찌 한줌의 잿더미 위에
쌓아올린 돌무더기 피라미드와
타지마할과 진시왕릉에
비교할 수 있겠는가.

생명만이 영원하고
그 가치는 땅의 것으로
그 무엇과 비교가
불가능함이 하늘의
진리요 웅변인 것을.

그러기에 오늘도
문명국가에 버려진
아이들을 위해 예수님
학교를 세우는 것이다.

주님은 슬럼가의 어린이들만을
위해 울지 않을 것은
생명 없는 무덤을 자랑하고

숭배하고 한줌 잿더미 위에
쌓아올린 돌무더기에
영원한 가치를 부여하는
무지한 인간들을 위해
슬퍼하고

십자가 진리를 거부하고
헛된 미혹의 철학에
사로잡혀 수많은
잡신과 우상을 숭배하는
저들의 삶의 참담한 결과를 알기에
주님의 탄식과 눈물은
어두운 대륙을 뒤덮고 있네.
나는 부활이다. 나는 생명이다.
나를 믿는 자는 죽어도 산다.
살아서 믿는 자는 영원히 죽지 않는다.

아들이 있는 자는 생명이 있다.
아들이 없는 자는 생명이 없다.

하늘에서 들려오는 우레 같은
진리가 생명 없는 무덤을
폭파시켜 버리게 하소서.

해보다 더 밝은 주님의
빛을 비추어 주소서.

슬럼가의 복음의
사자들이여 그대들이
눈물로 씨를 뿌리고 있음을
하늘이 보고 있다.

반드시 기쁨으로 단을
거둘 것이다.
그대들의 헌신의
눈물을 주의 병에 담을
것이다.

그대들의 복음 사역은
세상에 나타난
그 어떤 정복자보다 위대하다.
한 영혼 정복이 온 세상
정복보다 위대하다.
슬럼가의 힌두의 자녀들과
이슬람의 자녀들을
십자가 진리로 정복하라.

그 상처 입은 작은 가슴에
예수님 십자가를 꽂으라.
예수님의 피가 흐르게 하라.
예수님의 사랑을 알게 하라.
천국의 자녀들이 되게 하라.

주님!
슬럼가에 세워진 예수학교의
아이들이
정녕 주님의 자녀들이
되게 하소서.

망고 숲속에 세워진 교회

아웅스따웅 고아원 예배당 [16]

황토 먼지 자욱한
한적한 시골 길을
달리고 또 달려
천사들의 집에 다다랐네.

온 몸 힘들어
녹초가 되었으나
망고 숲속에 세워진
예배당이
내 영혼에 기쁨이
샘솟게 하네.

....
16   김동연 선교사님을 통해 미얀마 양곤에서 1시간거리에 있는 고아원교회를 건축
하고 헌당하면서 고아원 학생들이 뜨거운 신앙과 예배 드리는 모습에 감격하여서.

언젠가 이곳에서 보았던
저들의 예배드리는 모습이
내 영혼에 큰 울림을 주었던
그때를 나는 잊을 수가 없었네.
이 세상 어디에서도
흔치 않는 행복한
천사들의 모습이었으니

어찌도 저토록 티 없이
맑을 수 있을까.
어찌하여 저들의
얼굴에는 슬픔과
외로움의 그림자를
찾을 수 없을까.

들꽃 같은 해맑은 미소와
새벽이슬 같은 눈망울로
할렐루야 춤추며
찬양하는 그 모습은
하늘 천사들의 바로
그 모습이 아닌가.

저들과 함께
찬양할 때
내 영혼은 떨려오고
내 심령은 심히도

왠지 모를 기쁨과
감사의 눈물만 흘렸네.
무엇이 저들로 저토록
행복한 모습을
지니게 했을까.

마냥 철없는 아이들이라는
이유가 저렇게 천사의
모습을 가질 수 있을까.

그것만은 아닐 것이네.
세상에 부모들은
저들을 버렸지만

하늘의 아버지의 사랑을
받고 상처 받은 작은
가슴 속에 십자가 주님을
모셨기 때문이 아닐까.

이 황량한 들녘에
척박한 환경 속에서
어찌 외로움이 없을까.
어찌 슬픔이 없으리오만

나는 저들에게 속삭여 주었네.
그대들이 세상에서 가장

행복한 자들이라고
하늘의 아버지를 경외하고
만왕의 왕을 주님으로
섬기는 자들은 그 어디서
어떻게 살아도
행복한 자들이라고

주야에 성전에서
예배를 드리며 자랄 수 있는
아이들이 세상에
어디에 흔한 일인가.

사탄의 숭배가 운명이 된
이 우상의 땅에서
하늘의 진노와 저주가
흐르는 땅에서

한 사람 예수 믿기가
살아있는 호랑이 이빨
빼기보다 어렵다는
이 스올 같은
땅에서
조석으로 참 아버지를
예배할 수 있는 복은
누가 주신 것인가.

그대들이 세상에서
버림받은 대가로 주어진
하늘의 축복이라.

예수님도 가진 것이
아무 것도 없었지만
가장 행복한 분이셨으니

그대들이 세상에서
가진 것이 없다 해도
망고 숲속에 세워진
이 하늘 궁전에서

예배드리는
천사 같은 너희들은
이 세상에서 아니다
하늘 천사들보다
행복한 자일 것이다.
주님!
이 땅을 변화시키소서.
고아의 아버지여
저들이 망고 숲속
예배당에서

그리스도의 군사로
하늘의 용사들이 되어

이 우상의 나라를
빠져나올 수 없는
미로와 같은
미혹의 땅을
무저갱과 같은
사탄의 왕국을
무너뜨리게 하소서.
정복하게 하소서.
지금까지의 이 백성들의
불심이 태산 같은
난공불락이어서
두 손 들었다지만

견고한 바벨성도
하룻밤에 무너지고
하늘에 닿은
여리고 성은 주의 백성들의
믿음의 함성 앞에 모래성처럼
허물어졌다네.

수천 년 철의 제국 로마도
십자가 순교 신앙 앞에
물거품 되었으니
주님 저들로
아사 왕처럼
루시퍼 지옥의 토치카를

부셔서 불살라 버리게 하소서.

골리앗을 무너뜨린
다윗같이 용감하게 하소서.

다니엘과 그 친구들처럼
사자 굴도 풀무불도
무서워하지 않는
강한 믿음의 용사들이
되게 하소서.

하나님의 나라를 저들을
통해 세우소서.
이 땅이 하나님의 도성으로
변하게 하소서.

이 망고 숲속에
세워진 작은 예배당을
통하여 이루소서.
고아의 아버지를
영원히 찬양합니다.

리창고성

리창고성을 떠나면서 [17]

차마고도
역사의 중심지
리창에 이르니

그 옛날 마방들이
머물다 돌아간
천년 고성이 반겨주네.

얼마나 평화로웠기에
성문도 성곽도 없는
옛 고성인가.

구름처럼 바람처럼
막힘없이 들고나던
그 옛길에는

아직도 마방들의
말발굽소리
아스라이 들리는 듯하네.

---

17   중국 윈난성 차마고도의 역사적 무역중심지 리창고성에 들렀다 성문도 성곽도
없는 그 옛날 평화로운 무역도시를 생각하면서.

한줌 흙으로 돌아갈
육신을 위해 그 험하고
위태로운 길 오고 갔으나

아, 이 나그네
영원히 사는 영혼
살리려 이 멀고 험한길
왔다가 돌아가네.

옥룡설산

옥룡설산을 내려오면서 [18]

아직도 인간의 발길을
허용하지 않는다는
옥룡설산

남방의 알프스라는
히말라야의 동생
옥룡설산

세상에 다니면

---
18 차마고도의 소수족들이 신으로 섬긴다는 옥룡설산의 형언할 수 없는 설산의 비
경 앞에 서진 선교 동역자들과 함께 감탄을 연발하면서.

놀라는 곳 많지만

이 영목들이 우거진
산야 위로 하늘 닿을 듯
솟아 있는

석회암 설산의
장엄함과 신비함에
놀라고 옷깃 여미네.

문명의 이기로
설산 자락에 오르니
인걸은 오고 가도
천만년 세월 동안
말없이 서 있는 태산은 여상하네.

소수족들이 신으로
떠받든다는
성산이라지만
이곳도 하나님의
발등상일 뿐
옥룡설산 주인 앞에
경배하고 돌아서니
리수족 새악시들보다
더 아름다운
이름 모를 꽃들이

소나무 숲속에서

얼굴 내밀고
자이젠이라
손 흔드네.

금사강
아나루교회 헌당식을 마치고 [19]

금사강 시원지
찾아가면
세계의 지붕
히말라야 설산이고

이 강물 따라
흘러가면
중화대륙 가로질러
태평양까지 간다네.

수만 년을 태없이
유유히 흐르는

---

19 중국 윈난성 차마고도 개척교회 헌당식을 하러갔다 얼마나 위험스러운 길이던
지 헌당식은 생각없이 치루고 살아서 돌아갈 궁리하며 천길 벼랑길을 내려 오면서.

저 눈 녹은 황토색
흙탕물은
오늘도 세월없이
여상하고

강 좌우에 병풍처럼
둘러선 말 없는
하늘 닿은 태산은
눈길 가는 곳마다
비경이네.
달리는 차 창가에
비친 먼 설산들은
나타났다 사라지는
사막의 신기루 같고
끝없이 구불구불한
금사강길 유역은
신이 주신 축복의
고센 땅이요,
여호와의 동산이네.

비옥한 들녘엔
밀보리 추수
손길 기다리고

품앗이로 모 심는
아낙네들 노랫가락

평화롭고 한가로워
오래전 내 고향 풍경
떠오르게 하네.

맛사다 요새보다
더 위험천만한
산비탈 벼랑길
올라가
아나루 새 성전
축복하고 돌아서니
해는 서산으로
기울고
온 몸은 나른하니

그 옛날 송강
정철의 시 한 수
생각나네.
물 위에 그림자 지니
다리 위로 중이 지나간다.
중아 게 섯거라.
가는 길 좀 물어보자.

그 중 뜬구름 가리키며
말없이 가더라.

그러나 나는

하나님 없이 늙어가는
정철도 아니요

뜬구름 같이
갈 길 못 찾은
수도승도 아니네.

나는 하늘 복음을
전하러 왔다
돌아가는 하늘의
사자요
본향 찾아가는
순례자라네.

제2부

그 분의 숨결이

성지를 순례하는 길목에서 ...

나는 성지순례를 그렇게 중요하게 여기지 않았다. 그런 생각을 갖게 된 것은 톨스토이가 쓴 러시아 민화집, 고독한 영혼의 순례자라는 글속에 나오는 이야기 때문이었을 것이다.

한 마을 두 친구가 성지순례 중 한 친구는 전염병을 만난 마을 사람들을 돌보다 성지순례를 못하게 되었고 끝까지 순례를 마친 친구는 성지 곳곳에 나타난 친구 모습속에서 훗날에 성지순례보다 고통 받는 이웃을 구제하는 일을 주님은 더 중요하게 여기신다는 의미에 영향을 받아서 그렇게 생각하였을 것이다.

그러다 신학교 몇몇 동창들과 성지순례를 하게 되었고 내 생전 처음으로 외국에 나가게 되었다. 초창기에 성지를 돌아보면서 너무나 많이 놀라고 감동하고 감격하였다. 그리고 행복하였다. 나라 나라마다 긴 역사의 현장을 둘러보고 가이드의 재담 속에 담긴 유구한 역사 이야기는 순례자의 심금을 울렸다.

이집트 시내 성산 그 옛날 소돔 고모라였던 사해, 이스라엘 최후의 항전지 맛사다, 갈릴리 바다 선상에서 예수님 생각은 너무나 가슴 벅찬 감격이었다. 성경이 파노라마처럼 지나갔다.

그리고 갑바도기아에 가서는 한없이 눈시울 적시며 타락한 내 모습 앞에 절망했었다. 초대교회 성도들이 신앙 지키려고 어떻게 살았는지 그 생생한 현장을 보고 너무나 감동받았다.

여행경비가 하나도 아깝지 않았다. 돈 없다면 논밭이라도 팔아서 성지 순례를 하는 것이 목회에 도움 되고 신앙에 유익하다고 여겼다. 러시아 민화집 생각도 바뀌어 버렸다.

지금도 학교에서 배운 것은 생각나는 것이 별로 없으나 일이 주 순례하고 나면 엄청난 역사지식과 인생과 신앙의 깨달음으로 가득하였다. 성경을 보는 눈이 달라지고 설교가 달라졌다.

그러나 초창기 성지순례 때는 기행문을 쓸 것을 몰랐다. 최근에 순례의 발자취를 글로써 조금씩 남겨 보려고 즉흥적으로 쓴 기행문을 몇 개 써서 올려놓았다.

하나님이 허락하신다면 가보지 못한 성지들을 가보고 싶다. 하나님이 계신 천국도 영원으로 가는 성지순례다.

이스탄불

터키 이스탄불에서 [1]

역사의 시작과
끝을 볼 수 있는 땅

믿음의 영웅들의
발자욱을 볼 수 있는 성지

찬란한 제국들의
흔적을 볼 수 있는 나라

성쇠와 성속의
유구한 시간의 잔재들은

지혜자의 탄식이
진리임을 웅변하고

아름다운 보스포루스에
부서지는 물거품처럼
허망하네.

----

1 이광복 목사님과 함께 성지순례 첫 순례지 이스탄불에 숱한 고대문화 유적과 동
로마제국 오스만 제국의 역사를 보고 보스포루스 해협 위에서.

중부 아나톨리아

터키 중부 갑바도기아에서

어찌하여 십자가의 땅이
조각달의 땅이 되었는고.

어찌하여 진리의 땅이
흑암의 땅이 되었는고.

영혼은 피곤하고
가슴은 답답하네.

그 옛날 갑바도기아
성도들이 그립네.

데린쿠유 성자들이 보고 싶네.
말하고 싶네.

어떻게 그렇게
살 수 있었느냐고

타락의 낭떠러지에서
서성대는 가짜 같은
내 모습 부끄러워
아나톨리아 광야에서... 눈물만 흘리네.

소아시아 7교회

터키 7교회 지역 쿠사다 시 해변에서

생명 없는 뼈다귀들만
흉물스러운 장승처럼
즐비한 광장에서

그 옛날 생명을 소리 지르던
복음의 용사들은
한 알의 밀알 되어
소리 없는 소리 지르네.

십자가만이 영원하다고.

주여!
이 세속의 쓰나미 같은
라오디게아 에페수스
광장에서
복음의 선진들처럼
진리의 밀알 되게 하소서.

아름다운 쿠사다시 해변의
달빛이 순례자를
잠 못 이루게 하네.

밧모섬

밧모섬 크루즈 선에서

검푸른 에게 해 바다 위에
불모의 화산섬들 점점이 떠 있네.
그 옛날 환란의 극점에서
영광의 극치를 다 보았던
고난과 소망의 땅 밧모

절해고도 언덕 위엔 유도화가
만개하고 희고 붉은 꽃잎마다
재림 약속 향기 되어 진동하네.

순례자의 발자욱처럼
요한의 흔적은 희미하고
밧모섬 꿈도 사라지네
인생의 모든 꿈도 그러하네.

주여, 내가 여기 찾아옴은
성지를 보려함도
성자를 보려함도
더더욱 아닙니다.

오직 다시 오실 당신뿐입니다.
영원하신 당신의 말씀뿐입니다.

아! 해 저문 에게 해 파도 위에서
영원을 기다리네.
영원을 바라보네.

아테네

그리스 아테네에서

다시 왔네.
다시 들었네.
다시 보았네.

신들의 나라를
철학의 나라를
인간의 나라를
신들이 신을
알지 못하게 하고
철학이 철학을
알지 못하게 하고
인간이 인간을
알지 못하게 하네.

하나님 없는 모든 것은
헛되고 거짓일 뿐이라고

전도자의 소리가
천둥소리 되어
들려오네.

오, 주님 당신만을
영원히 사랑합니다.
엎드려 경배합니다.

메테오라

그리스 메테오라 수도원에서

저 곳은 어데일까.
언제나 궁금하였네.

깎아지른 천길 벼랑 위에
머물던 진리의 수호자들

세속을 피하고 싶었던가.
전쟁이 무서워였던가.

길고 긴 이교도의 박해도
죽음보다 무서운 인간의 욕망도
그 고독한 진리의 촛불을

끄지 못했네.

그 빛은 자신을 보게 하고
조국을 지켜주고
천상의 길로 인도하였네.

아! 본향 찾는 세속의 순례자
조금은 머물다 가고 싶네.

마케도니아

그리스 빌립보 까발라 해변에서

그 옛날 선지자 다니엘이
보았던 큰 뿔
염소의 환상
그 염소의 땅
대왕의 나라
데살로니가 해변에 서니

온 세상 정복을 알리는
호령소리 들려
오는 듯하네.

역사를 뒤바꾼 영웅담은
옛 이야기 되고

영어의 몸이 되어
예수만이 주시라.
예수만이 왕이시라.

예수만이 구원이시라는
피 묻은 바오로의 우레 소리는

온 세상을 정복하네.
영원까지 울려가네.

이제 순례자의 남은 길이
밝히 보여지네.

주여!
주님의 길로 가게 하소서.
바오로의 길로 가게 하소서.
영원을 위한 지름길로 가게 하소서.

까발라 해변의 갈매기 소리는
복음의 용사를 격려하고
찬란한 아침햇살은
순례자의 등 뒤를 비춰주네.

총알 여행

프랑스 니스 해안을 지나면서

길고 긴 역사 흔적
총알처럼 돌아보니

빛과 어둠의 역사는
여전하나

사라진 영웅들의
발자욱은 희미하네.
보았으나 본 것 같지 않고
들었으나 들은 것 같지 않으니

이 나그네는 돌아서기도 전에
어느새 꿈만 같네.

내가 지난 자리는
프로방스 초원을
스쳐가는 바람이요

아름다운 7색
니스 해안에
일었다 스러지는
물거품이네.

인생은 꿈같은
여행인 것을

내가 가는 저 영원은
정녕 꿈이 아니길
오늘도 꿈꾸고 있네.

아피아 가도

로마 아피아 가도를 지나면서

로마에 다시 오니
해가 저물고 있네.

너무나 감회 깊어
할 말을 찾지 못하겠네.

나를 사로잡는 것
유구한 역사의 도성도

찬란한 유물들도
정복자의 거리도 아니네.

그 옛날 역사에 주인이

선지자에게 주신 묵시가

나를 두렵게 하고
몰골 송연케 하네.

세상에서 가장 무서운
나라는 넷째 나라 로마이니라.

그 나라가 천하를 짓밟고
삼킬 것이다.

사라졌던 그 나라가
일곱 번째 나라로
연합하여 다시 나오리라.
그때가 역사는 끝이니라.

세상 나라는 심판을 받고
하나님의 아들이 다스릴 것이다.

그리고 영원 세계로
들어가리라.

묵시의 말씀이 우레 소리되어
들려오네.

온 세상 망하게 하는 짐승이

이곳에서 나오고

온 세상 심판받게 할
큰 음녀 바벨교회가
이곳에서 나온다 하였네.

예언자의 묵시에 눈 감고
인생들은 천길 벼랑 끝을
향해 달리는 소경 같으니

오! 어찌해야 할거나.
그 옛날 쓰러지는
조국을 끌어안고
눈물로 통곡하던 선지자처럼
역사 저편의 눈이 되어
가슴 치며 통곡하네.
눈물 없는 눈물 흘리며
소리 없는 소리 지르네.

우주의 티끌보다 더 작은
인생들아, 역사의 주인에게로
속히 돌아오라.

오직 그 길에만 구원의
희망이 있다네.

아, 정복자들이 오가던 아피아 가도엔
이름 모를 꽃들로 황홀하나

바벨론 도성위엔
저녁노을이 드리우네.

바티칸

로마 바티칸 베드로 성당을 둘러보고

나는 보았네.
인간이 쌓아올린 바벨탑을
다시 한 번 보았네.

역사에 모든 바벨탑은
반드시 무너지고야마네.

바티칸은 하나님의 도성이
아니요, 미혹의 도성이라네.

역사의 주인은 큰 음녀를
비밀이라 하였네.

그러나 바벨론이라고

가르쳐 주었으니
고대 니므롯의 바벨탑도 무너질
생명 없는 인본주의 탑이요.

느브갓네살 바벨론도 심판받을
우상의 제국이었네.
바티칸은 음녀 바벨론이며
온 세상 미혹하고
심판받게 할 음행의
포도주를 먹이고 있네.

음녀 바벨론은 화 받을 것이네.
심판을 받을 것이요
흔적도 없이 사라질 것이네.
참된 생명은 사람이 만든
조각 속에도 그림 속에도 건물 속에
있는 것이 아니네.

오직 예수님 말씀 속에만
흘리신 피 속에만
보내신 성령 속에만 있다네.

사는 길은 예수님 밖에 없음이
생명의 영원한 진리라네.

이태리 피렌체

중세 르네상스가 시작된 곳

천재들의 땅에 와서
하늘의 눈으로 보았네.

저들의 지혜와 손끝으로
이루어진 역사는 가고 오는 이에게

그 경이로움에 감동하고
떨리게 하네.
그것은 인본주의 절정이요
인문주의 극점일 뿐
그 뿌리는 인간이
주인 되는 사상이라네.

인간 이성의 산물이
그 어떤 예술의 옷을 입어도

온 우주와 바꿀 수 없는
가치를 가졌다 여길지라도
그것은 한낱 헛된 우상에
지나지 않을 뿐이라네.
결국은 인간을 속이고
하나님을 떠나게 하고

심판에 이르게 할 뿐이네.

오늘 천재들의 땅에서
하늘의 천재를 보았네.
그는 그 긴 암흑의 시대에
하늘에서 비추이는 빛이었네.

그는 역사적인 피렌체 광장에서
고독하게 소리 질렀네.

황량한 유대 광야에서
회칠한 무덤을 향하여
독사의 자식들을 향하여
눈먼 유다 종교를 향하여

회개하라 천국이 가까웠다.
세상 죄를 지고 가는 어린양을
믿으라 소리 지르다
헤롯의 칼날에 사라진
선지자 세례요한처럼

캄캄한 암흑의 도성을 향하여
인본주의 인문주의로 타락한
피렌체를 향하여

하나님께 돌아가자.

동성연애하지 말라.
고리대금업 하지 말라.
성직을 매매하지 말라는
중세의 세례요한
사보나롤라의 절규는
인간을 사랑하는 하나님의
음성이요 예수님의 소리였네.

나는 들었네.
저 유명한 피렌체
성당에서 흘러나오는 하늘의 소리를

이 어두운 역사의
마지막 광장에서
전해야 할 음성을 들었네.
그리고 내가 원하는 것은
추기경의 붉은 모자가 아니라
주께서 그 사랑하는 자에게
주시는 피 묻은 순교자의
관이라고 했던 예수님의 제자
사보나롤라

세례 요한처럼 형장의
불꽃과 함께 사라진 먼저 간
순교자의 자리에서 내가
가야할 길 보았네.

아, 하늘이 낸 영적 거성
사보나롤라의 하나님
이 약한 종을 불쌍히 여기소서.

역사의 마지막 광장에서
끝까지 예수님만
피를 토하며 외치다가
사라지는 것이 이 종의 행복입니다.

밀라노

이태리 밀라노 대성당을 보고 나서

그 옛날 신앙하던
사람들은 무슨 생각을
가졌다는 말인가.

저 유명한 베드로
성당은 176년
피렌체 두오모
성당은 591년
밀라노
대성당은 450년

프라하 이스트 성당은
천년을 바쳐서
세우고 있다네.

하나님은 십자가 이후
단 한 번도
성당을 지으라고
말한 적 없다네.

성전은 예수님을 믿는
사람인 것을

그 옛날 지혜자 솔로몬이 지은
황금 성전은 우상숭배로
처참히도 심판을 자초하였네.

교회의 주인은
예수님이건만
왜 마리아를 위한 성당인가.
왜 성당 벽에다 뱀과 수많은 용을 조각하는가.
왜 각종 짐승과 생물들을 조각하는가.
왜 여인의 나체로 장식하는가.

하나님은 이스라엘 멸망이
성전이 타락했기 때문이라는
에스겔 8장 말씀을
모르고 있다는 말인가.

예루살렘 성전 벽에는
모든 짐승과
모든 곤충과
모든 우상을 사방 벽에 새겨
가증하므로

내가 성전을 버렸다.
유다를 버렸다.
이스라엘을 심판한다 하였네.
어찌하여 성당 벽을

멸망 받은 예루살렘
성전과 똑같이 장식
한다는 말인가.
성전 주인 예수님이 보시고
무어라 하실까.
잊을 수 없네. 예루살렘
성전에서 하신 주님 말씀을
내 아버지 집은 기도하는 집이다.
장사하는 집으로 만들지 말라.
강도의 소굴이 되었구나.

심판이 이를 것이다.
예수님 없는 곳은
그 어느 곳 그 무엇도
회칠한 무덤일 뿐
성당도 아니고
교회당도 아니네.

천년을 금으로 지어서
인간을 위협하여도
그것은 예수 믿는 거지.
나사로 한 사람만큼도
가치가 없는 것을
왜 모른다는 말인가.

가슴 치고 통곡하고 싶네.

그 어디에도
하나님을 말하나
하나님은 없고

예수님을 말하나
예수님은 보이질 않고
두더지 같은 인간들만
우굴거리네.

주님!
나에게 주님 외에는

아무것도 보이지
않게 하소서.
예수님만이
나의 전부요
예수님만이
나의 모든 것이요,
예수님만이
나의 영원한 운명입니다.

알프스

리기 산정에서 [2]

루체른 호수가엔
그림같이 수놓은 집
아름답고

푸르디푸른 산자락
초원 위엔 양떼들 한가롭네.

유럽의 지붕 알프스
리기산에 올라보니

사방에 피어있는 이름 모를 꽃향기
세찬 바람에 흩날리고
병풍처럼 둘러있는
만년 설산 바라보니

웅장한 대 자연에 가슴 떨리고
필설은 부끄럽네.

알프스 신비 앞에
온 세상 경탄해도
무변광대 우주 앞에

....
2   스위스 리기산에 기차로 올라가 눈덮인 알프스를 바라보면서.

티끌에 지나질 않네.
만유의 운명이
알프스 주인
손끝에 있으니

그분께만 경배 드리고
산허리에 머물다 떠나가는
뜬 구름처럼 돌아가네.

독일 하이델베르크

하이델베르크를 지나면서 [3]

지성의 산실이라는
하이델베르크에는
태고로부터 성쇠의
역사를 남겨 놓고

영웅이 세운
옛 다리 아래로는
차가운 맥카 강물이
라인 평원으로 흘러가네.

....
3 세계에서 대학이 가장 유명하다는 도시, 지성의 도시, 개혁자 루터가 설교했던
도시지만 개혁의 흔적을 보기 힘든 도시임을 보면서.

고색창연했던
옛 성은 허물어지고
어두운 시대를 깨우던
개혁자의 소리는

광장의 모퉁이를 돌아간
바람처럼 흔적 없네.

성속이 철폐된 교회당은
썩은 시신으로 장식되고

갈보리 십자가는
보이질 않고
세속의 십자가는
하늘 찌르네.

로고스가 가려진 곳에는
사람들을 신으로 만들고

로고스를 외면한 곳에는
인간의 이성을
우상으로 섬기네.

로고스 없는 그 어떤 지성도
낙뢰 맞아 부서진
고성의 망루이네.

하나님이 주인이었던 이 땅이
인간이 주인 되어가니

견고해야 할 하나님의 도성은
옛 고성처럼 퇴락하고

무너질 인본주의 바벨탑만
찬란하게 쌓아가네.

탄식으로 공허해진
가슴 달래며
잠시 후에 도래할
하늘의 도성을 바라보네.

로렐라이 언덕

독일 라인 강 로렐라이 언덕 위에서 5분 머물며

옛 고성 즐비한
라인 강은 수천 리를 흐르고

슬픈 전설의 로렐라이 언덕에
옛 노래 부르며 오르니
만개한 라일락꽃이
손 흔들며 반겨주네.

연분홍 체리꽃 향기가
세이렌의 전설처럼 유혹하고

평화로운 로렐라이 언덕이
돌아서는 나그네 발걸음
서성이게 하네.

베를린

레오나르도 호텔에서

그 옛날 선지자의
음성이 들려오네.

일곱 번째 나라가 나타났다.
심판받아 사라질 것이다.
그것이 역사에 마지막이라고

그 나라는 과거에
멸망당한 철 종아리나라
여섯 번째 그 나라에서
나올 것이다.

그 나라는 철과 진흙으로
만들어진 발과 발가락의
나라라 하셨다네.

어떤 나라는 쇠처럼
강하고 어떤 나라는
진흙처럼 약하다 하였네.

과거에는 하나였던 나라
그러나 나눠졌다

다시 하나 되는 나라

하나된 것처럼 보이나
결코 하나 될 수 없음이
철과 진흙이 하나 될 수
없음 같다 하였네.

그러나 하나 되는 이유는
이 세상을 멸망케 할
사탄의 분신인 짐승을
만들기 위함이라 하셨네.
그 중 철 성분의 한 나라
통독 독일에 왔네.
보는 것마다 듣는 것마다
놀랍고 부럽기 그지없네.

그 옛날 조선 땅
작은 왕이
남의 비행기 타고와
가난에 한이 맺혀

광부의 검은 손 붙들고
간호원 여린 손잡고
잘 살아보자고
눈물 뿌렸던
그 때가 엊그제 같은데

이제 배부른 나라 되어
좋은 비행기 타고 와
그 땅 돌아다보니

아우토반 가도를
달리는 차창을
후려치며 흘러내는 빗물은
나의 눈물이네.
그러나 나는 또 다른
안타까움에 눈시울을
적시네.
어찌하여
하나님의 도성이었던 이 땅이
사탄의 왕국으로 변해 가는가.

물질문명이 하나님을
대신하는 우상의 나라로
변하고

어찌하여 십자가 교회당은
생명 없는 무덤으로 변했는가.

기도도 끊어지고 예배도
사라진 교회당은
생명 없는 무덤일 뿐이네.

하나님의 영광도 떠났고
생명의 주님이 떠난 지도
이미 오래되었네.

피 뿌린 개혁자들의 소리도
사라진지 오래되고
생명의 말씀은 닫혀지고
인간의 이성만
하늘에 닿은 우상 되었네.

하여 이 땅이
제아무리 찬란한
문명으로 유구한 종교로
단장한다 하여도

뜨인 돌의 심판을
피할 수 없는
운명이여.
연기처럼 타작마당의
쭉정이처럼 날라 없어질
일곱 번째 나라여.
적그리스도의 운명이여!
아, 하늘의 아픔이 느껴지네.
옛 예언자의 아픔이 보이네.
이 죄인 괴수의 안타까움이
보이지 않는 눈물 되어 흐르네.

폴란드 바르샤바

호텔 지붕 창문으로 셀 수 없는 별들 보면서

몇 날을 달려도
도무지 끝이 보이질
않는 지평선

가을도 아닌데 하늘은
왜 이리도 높고 청명한가.

사방 하늘은 온통 신의
손길로 그리는 스케치북이네.

뜬구름 한 점에 예수님
재림인가 놀랐던 손양원 목사님
이 들녘에서 저 하늘 저 구름
보았다면 무엇이라 찬양할까.

하늘 닿은 초원 위에
추수 손길 기다리는
밀 보리 유채 열매 바라보니

히말라야 사람들이 생각나네.
만년 설산 천길 벼랑 끝에
둥지 틀고 간신히 살아가는

차마고도 사람들도
이 대평원에 오면
무슨 생각할까.

주마간산이라 했던가.
바람처럼 스쳐온
발자취가 아스라이
잊혀지네.
루터의 술통이 생각나고
절규하는 서독 여인상이
프레드릭 포도궁전과
의미 깊어 유명하다는
바르샤바 구 시가지 광장도
쇼팽 공원도 뒤로 하고
크라쿠프 광장을
바람처럼 지나왔네.

누가 이 땅을 신이 주신
축복의 땅이 아니라
할 수 있을까.
허나 열강들이 짓밟고
지나간 이 땅은
수많은 남정네를 품에
안았던 상처 많은
위안부의 슬픈 운명 같네.

더욱더 슬픔이 밀려옴은
신앙을 문화생활로 여길 뿐
마리아를 우상으로 섬기는
망령된 신앙 때문에
오! 어쩔거나.

하나님 아들을 십자가에
못 박고서 그 피를 우리와
우리 후손에게 돌리라는
천인공노할 망언으로

그 후손들이 징계 받아
저 참담한 아우슈비츠
수용소 가스실에서 죽은 자가
600만이거늘

오직 예수님 배척하고
마리아 우상 숭배로
배도하면
영원히 소망없네.
가스실이 아니라
저 유황불못에서
영원한 세월의
형벌을 아는가 모르는가.

오! 통재라.

하늘과 땅은
비할 데 없이 황홀하나
초원 저 하늘에
주님 구름 나타나는 날
심판의 모습 그려지니
천국의 순례자
눈시울 적시며 떠나가네.

아우슈비츠

폴란드 아우슈비츠를 보고서

나더러 시를 써보라네.
무슨 시를 쓰라는 것일까.

하늘이 맷돌짝처럼 내 심사를
짓눌러 영원히 침묵하고 싶은데

참으로 인간임이 이렇게
부끄러울 수가
이토록 참담할 수가
인간 존재에 대한 회의감을
이렇게 느낀 적이 있었던가.
내 속에 끓어오르는 분노는

누구를 향한 것인가.

인간은 얼마나 악할 수 있는가.
도대체 악의 한계가 어디인가.
어디가 끝이란 말인가.

아우슈비츠 설계자는
인간이 아니다.
신의 형상을 닮은 인간이
할 수 있는 일은 아니다.
신의 형상을 파괴시킨 자가
저지른 악이다.

인간을 저토록 짐승보다
더 참혹하게 도살하는 것을
즐길 수 있는 자는 루시퍼다.
거기에 동조한 자들은
붉은 용의 새끼들이다.
살인자의 후손들이다.
사탄은 처음부터 살인자다.
저가 존재 목적은
빼앗고 죽이고 멸망시키는
강도가 본업이다.
인간의 생명을 파리 죽이듯
쉽게 죽이고
쓰레기 소각하듯 처리하는 것은

마귀가 하는 일이다.

공산주의는 사탄의 작품이다.
나치즘은 붉은 용이 만든 것이다.
군국주의는 옛뱀이 만든 것이요
로마 카톨릭은 루시퍼의 걸작품이다.

지옥유황 불못은 루시퍼
때문에 만든 것이다.

아우슈비츠는
사탄이 만든 지옥이다.
진짜 지옥의 축소판이다.

모든 희망을 다 빼앗고
모든 소유를 다 빼앗고
영혼까지 발가벗겨서

영원한 수치와 고통의
신음소리가 하늘 땅에
사무치는 곳이 지옥이라면
이것이 아우슈비츠다.
아, 인간이란 존재의
세계에도
선과 악이 공존하고
선의 영과 악의 영이 공존하고

천국과 지옥이 공존하네.

소금 광산이 될 수도 있고
아우슈비츠도 될 수 있네.

하나님처럼 될 수도 있고
악마처럼 될 수도 있는
신비하고 사악하고
이상한 존재라네.
아우슈비츠 순례자들아
히틀러만 보고 가지 말라.
인류 악에 대한 분노만
품지 말라.

지옥을 보고 가라.
루시퍼가 하는 일을 보고 가라.
이 수용소에 들어갔다
나올 수 있는 것은
신이 내린 축복의 기회다.

그러나 지옥유황 불못에
들어가면 영원히
나올 수 없는 아우슈비츠다.

수용소 정문에
일하면 자유로와진다는 말은

선악과 따먹으면 하나님처럼
된다는 뱀의 말과 같으니

사탄의 거짓말에 미혹되면
아우슈비츠 가스실이 아니네.
영원한 지옥불못을 피할 수 없으니

오늘부터 아우슈비츠와 작별을
고하라.
아우슈비츠 의미는
지옥가면 끝이다.

하나님을 닮아가라.
죽도록 하나님을 닮아가라.
눈을 빼더라도
손을 절단해서라도
죄를 멀리하라.
죄를 미워하라.
죄를 배신하라.
죄와 이혼하라 .
죄를 떠나라.

아, 아우슈비츠는 멀어지고
천국문은 가까워 오네.

비엔나

오스트리아 부다페스트 호텔에서

비 내리는 비엔나
거리를 입 벌리고
걸었네.

지나온 도성들도
놀라고 또 놀라게
하였지만
이렇게 경탄하지
않았었네.

기천년의 도성
로마와 견주어도
무엇이 모자란다
말할 수 있을까.
사방 어디를 둘러 봐도
예술이란 말이
부끄럽지 않네.

그러나
쉔부른 궁전
합스부르크 왕조의
부귀영화 흥망성쇠

이야기 듣고 들으니

솔로몬의 탄식소리만
내 귀에 속삭이네.
모든 것이 헛되도다.
다 바람을 잡으려는 것이다.

눈은 보아도 족함이 없고
귀는 들어도 차지 않는도다.

만물의 피곤함을 말로다
할 수 없도다.

지혜자의 말로
못난 인생을 위로하네.
차라리
비엔나에 소낙비가
피곤한 내 영혼을
시원하게 적셔주네.

주님 제자 서진아
무너질 바벨탑을
쌓지 말고
무너지지 않는 영원한
하늘에 집을 지으라.

아, 생명을 증거하다
돌무더기에 생매장 당한
스데반이가 보고 싶네.

그가 보았던 주님이 보고 싶어서
그가 보았던 천국이 보고 싶어서

스테파노 대성당을 들렀지만
스데반도 주님도 천국도
보지 못하고
지옥만 보고 왔네.

아, 차라리 차라리
하나님 없는 인간들이
만들어 놓은 심판받을
이 바벨 도성을 멀리 떠나
저 황량한 아나톨리아의
갑바도기아 석회암
동굴 속에서 주님을
만나고 싶어지네.

그곳에서 참회의 눈물만
흘리고 싶네.

주님!
세상 그 무엇에도

내 눈이 가리워지지
않게 하소서.

골고다 어린양의 보혈로
내 영혼의 DNA를
내 육체의 유전자까지
정하게 씻어 주소서.

이 새벽에 죄인 괴수가
흘리는 참회의
눈물 사이로
주님만 보이게 하소서.
천국만 보이게 하소서.

잘츠부르크

오스트리아 잘츠부르크 네용하로 호프 산장에서

내가 사는 전주가
세상에서 가장
천국 같은 곳이라고

이곳에 살다 죽는 것은
하늘의 축복이라고
고백하고 할렐루야
소리치며 죽으라고
그렇게도 소리 질렀던
어린애 같은 소리가
너무나도 부끄러웠네.

하나님은 하늘 아래
천국을 만들어
놓았으니
잘츠감마구트라네

에덴이 얼마나
아름다울까.
천년왕국이 얼마나
아름다울까.

하나님도 경탄하고
사도요한은 기절하였네.

나는 오늘 새 하늘 새 땅을
본 것 같으니

그 곳은 이전 것은 생각나거나
기억나지 않는다 하였거늘

오스트리아에 놀라고 잘츠에
너무나 놀라 이전 것은
다 잊었네 아무 기억도
하지 않았네.

정녕 새 하늘과 새 땅을
본 것 같으네.

새 예루살렘 같은
생키 마을 앞에 펼쳐진
에메랄드빛
푸르디푸른 볼프 호수는
천국의 생명 강인가.
유리 바다인가.

저 멀리 하늘에 닿은
푸른 산봉우리는

변화산인가. 시온산인가.

저 높고 끝없은 푸른 창공의
솜털 같은 뭉게구름은
내 고향에서 왔다 가는
뜬구름인가.
주님 오심의 재림 징조인가.
볼프 호수 안에 그려지는
억 천 만 가지 물 그림을
누가 그릴 수 있을까.
그 어느 화가가
그 어느 필객이 표현이... 가능할까.
잘츠의 주인만이 만들 수
있는 별 세상이라네.

쯔베르 베로 나팔산
봉우리에 올라서니
십자가 주님께서 반가이
맞아 주시네.

아, 여기가 어린양과
14만 4천이 새 노래 부르는
천국의 시온산인가.

독사도 없다네.
소들이 평화로이 풀을

뜯고 기화요초는 만발하네.

저 멀리 아스라이
손짓하는 만년설산
알프스는 정녕 내가
그리는 영원세계처럼
보이네.

산정을 돌아서는
등 뒤에서 주님 음성이
들리는 것 같네.
사랑하는 종아 부디
이 다음에
시온 산에서 다시
만나자 하시는 것
같으네.

아, 잘츠감마구트는
천국을 방불하도다.
미리 보는 천국 같도다.

그러나 이 잘츠감마구트도
사라질 황혼의 그림자요,
아침 안개요,
날아갈 먼지일 뿐인 것을.
아, 모차르트의 아리아가

흐르고 사운드 오브 뮤직의
미라벨 정원에 도레미가 흘러도

생명 없는 무덤처럼
변해버린
잘츠보다는
밤마다 십자가
불야성을 이루는
전주로 가고 싶네.

천국 보좌 흔들고
진동 시키는
찬양소리 기도소리
웅장하고 장엄하게
울리는 평화동으로
가고 싶네.

그 곳이 진정 주님의
마음이 머물고
눈길이 미치는
천국이 아닐까.

세상 그 어디에서도
주님만 보고 싶네.
주님만이 천국이시네.

프라하

체코 프라하 김형수호텔에서

천만년을 굽이굽이
흘러가는 불타바 강물 따라
체스키 크롬로프
성루에 올라서니

강물에 둘러싸인
동화 같은 작은 마을
황토 색깔 지붕들이
정겨웁기 그지없고

마리아에게 기도하는
광장의 위령탑이
가슴을 아프게 하네.

길고 긴 하루 해는
서산에 지고
노을 진 강물 위엔
이국의 나그네들
뱃놀이 오고 가네.

카를로 다리 위엔
갈매기 울음소리 처량하고

강 건너 천년성당 하늘 닿은
십자가 종탑 바라보니

낮에 보나 밤에 보나
눈부시고 웅장하기 그지없네.

이리 보나 저리 보나
안고 지고 들고 있는
이상한 십자가는
생명 없는 고철 덩어리뿐
천국문만 가로막네.

어찌하여 십자가 도성이
십자가 백성 죽이는
사탄의 왕국이 되었는고.

어찌하여 생명의 십자가로
지옥 길로 미혹하는가.

아, 쟌 후스가 보고 싶네.
하늘에서 보낸 사람
쟌 후스를

후스 광장 들어서니
회칠한 무덤 성당
바라보며 위풍당당

서 있는 쟌 후스
너무나 감회 깊어
가슴만 두근거리네.

그 어둡고 캄캄한 시대
진리의 횃불 들어
시대를 밝혔던 진리의 사자
하늘에 용사 쟌 후스

나는 그 앞에서 하늘
우러러 기도했네.
그대가 갔던 길 나도 가야하고
그대가 외쳤던 진리 나도 외치고
그대가 싸웠던 원수들과 나도 싸우고

그대가 끝까지 지켰던 진리의 절조를
나도 지켜야 하고
그대가 택한 마지막 길을
나도 가야 한다고.

쟌 후스여! 지금은 더 어둡고
더 타락하고 더 패역무도한
배도의 시대가 되었소.

아, 프라하 광장에는
아직도 들리는 듯하네.

진실을 사랑하라.
진실을 말하라.
진실을 행하라는
쟌 후스의 외침이 역사의
마지막 광장에 뇌성처럼
태풍처럼 휘몰아쳐 오네.

오, 어찌하여
온 세상 사람들
이 광장 천문 시계탑
아래 모였는가.

종말로 가는 시간도 모래시계도
죽음의 사자 손에
있는 것이 아니네.
인간의 운명도
역사의 운명도
영원의 운명도
예수님 손에 있다네.

온 세상 사람들아
하나님을 떠난 인생들아
진리에 눈먼 인생들아
역사에 종말을 알리는
시계 소리 들리지 않는가.
피할 수 없는 모래시계의

운명을 아는가.

시간이 없도다.
너무나도 없도다.
예수님께 돌아오라.
그의 제자들의 소리를 들으라.
회개하라는 소리를

저 꼭대기 베드로 닭 울음소리는
어린 아이 장난감 소리가 아니다.
하늘에서 들려오는 역사의
마지막 천국 복음이다.

회개하라. 회개하라. 회개하라.
천국은 회개자가 가는 나라다.

제3부

길 따라 머문 곳에

오르내리는 길목에서 ...

나는 어려서부터 병약하였다. 나이가 들어서도 늘 건강에 신경을 써야만 삶을 유지할 수 있다. 그래서 건강 유지를 위해서 가능하면 늘 걷기를 많이 하려고 노력한다. 그러다 보니 들녘도 거닐고 천변도 거닐고 깊지 않는 뒷산 계곡도 자주 오르 내리며 산책하게 되었다.

그때마다 자연스럽게 인생과 삶에 대한 사색을 하게 되는데 그냥 지나가버리는 생각들이 안타까워 단 몇 마디라도 글을 써서 남기고 싶어 쓴 글 모음이다.

남에게 보여주려고 썼다면 두려워서 쓰지 못했을 것이다.
일반적으로 시라고 하면 한 단어 속에 한 시절을 다 담아 넣고 한 절 속에 한 세대의 의미를 함축하고 한 문장 속에다 영원을 흐르게 하여 보는 이들로 각자의 생각대로 의미를 되새기며 공감하는 것이라 생각하는데 필자는 그러한 글재주도 없고 언어의 기교도 없기에 오로지 보는 대로 생각나는 대로 쓴 것이다.

때문에 깃털처럼 가볍고 그러기에 시가 아니고 그냥 산문이다. 얕은 계곡물처럼 깊이도 의미도 사색거리도 없을지 모르겠다. 파도 없는 바다처럼 밋밋할지도 모른다.

그러나 그 어떤 글 속에도 영적인 의미를 넣으려고는 생각하면서 쓴 글들이다. 글 속에는 영원이란 단어가 많이 사용되는데 그것은 그만큼 그것에다 가치를 부여하기 때문이다.

영원이란 언어는 결코 추상적인 언어가 아니다. 영원이란 시간을 초월하고 공간을 초월하고 불변하는 것이다. 이 세상에서 영원한 것이 무엇인가... 만물은 어디서 왔는가... 존재하는 것은 무에서 유가 온 것이 아니다. 무에서 유가 나올 수 없음이 우주물리학의 법칙이다.

 그러면 만물의 근원은 무엇인가... 소위 빅뱅의 근원이 무엇인가... 개벽의 시원이 무엇인가... 그것은 바로 하나님의 말씀이다. 이 세상이 인정하지 않아도 모든 존재는 하나님의 말씀에서 왔다. 그 말씀이 바로 하나님이시다. 그 말씀이 예수님이시다. 그 말씀이 곧 영생이다.

천지 만물은 사라져도 말씀은 영원하다. 때문에 변하고 보이는 것에 소망을 두고 사는 삶은 지혜자의 삶이라고 말할 수 없다. 그래서 나는 영원에다 내 인생 전부를 걸고 살고 있다.

고독 그리고 희망

전주 중인리 들녘에서

그렇게도 가득하던
들녘은 어느새
텅 비어만 가고

숨 막히게 아름다운
형형색색 잎새들은
낙엽으로 뒹구네.

실개천 갈대숲은
소슬 바람에
흐느끼고

뚝방천 억새풀은
질주하는 군마 같네.

물가에 외로운 백로는
황홀한 석양을 지켜보고

철새 같은 이 나그네
인생의 가을에서
영원을 바라보네.

가을 황혼

전주 평화동 변화산 계곡에서

길지 않은
하루해는
서산으로 기울고

운해 덮인 계곡은
고요로 가득하네.

황혼이 두려운가.
산새도 풀벌레도
노래 그치고

소리 없는 소리는
어두운 내 영혼을... 깨워주네.

숨 막히게 아름다운
황금 숲속은
솔로몬 성전보다
더 황홀하고
아! 여기가 영원을
사랑하는 자에게
베푸시는
하나님의 궁전이네.

낙엽

전주 변화산 계곡에서

마지막 잎새마저
모진 삭풍에
떨어져 뒹굴고

한 해는 어느덧
저물어 가고
벌써 태양은
서산에 걸려 있네.

눈부시게 아름다운
황혼의 노을이
차가운 누리를
뒤덮고

융단 카펫처럼
낙엽이 쌓여있는
산길을
홀로 거니네.
발길에 부서지는
낙엽소리가 산야의
고요를 깨뜨리고

이름 모를 낙엽의
마지막 신음 소리가
나그네의 발길을
멈추게 하네.

나에게도 인고의
기다림 속에
생명으로 터져 나오는
경이가 있었다고

나의 생명이 따스한
햇살에 연두 빛으로
빛날 때 온 세상은
얼마나 놀랐던가.

푸른 꿈과
뜨거운 열정이
충만할 때 내 속에서
생명의 향기가
쏟아졌었네.

산들 바람에 노래하고
비바람에 춤추고
뜨거운 햇살에
열매 맺게 하였네.
그러나 나는 피할 수 없었네.

불타는 생명은
서서히 식어가고
빛바래고 병들었었네.
생의 아픔과 고독 허무를 안고
매달려 있었지만

차가운 바람은 마지막
생명마저 멈추고
여기 조용히 누워
황혼을 보게 하네.
나 이제 비바람 눈보라에
더 상하고 찢어지고 부서져
한 줌의 흙이 되고

그리고 풍성한 생명을 위한
자양분이 될 것이네.
지나는 나그네여
상한 내 모습에
너무 가슴 아파하지 마시오.

낙엽의 소리가
이름 없이 사라질
존재를 위로하네.

아, 영원에 대한 그리움이
눈물이 되어 상한 내 영혼을 적셔주네.

봄의 향연

전주 평화동에서

그렇게도 황량하던 벌판에서
그렇게도 메말랐던 가지에서
생명의 소리가 들려오네.
부활의 소리가 들려오네.

그 모진 삭풍에
그 세찬 눈보라에
다 죽어 버린 줄 알았거늘

아, 수많은 생명의 함성이
온 세상에 메아리치네.
아, 수많은 생명의 향기가
온 누리에 가득하네.

각자의 생명은
각자의 존재로
각자의 영광을
으스대며 뽐내고 있네.

이토록 놀라운 생명의 신비
이토록 경이로운
생명의 축제는

봄이 준 선물이라네.

그러나 나는 더 그리워하고
기다리는 봄이 있네.

저 죽음의 골짜기에
흩어진 존재들
저 허무의 벌판에
버려진 존재들

저 적막한 산야에
묻혀진 존재들
한 줌의 티끌로
돌아간 존재들

한 점의 먼지처럼
허공을 떠돌다 사라진
고독한 존재들

그 슬픈 존재들에게도
봄이 올 것을 믿네.
봄이 오면 생명의 존재는
기필코 살아나네.
천만년을 동면하는 존재라도

생명의 주인이 다시 오시는

그날은 영혼의 봄날이네.
가는 봄이 아니네.
다시는 돌아오지 않는 봄이네.

그 날에는 생명의 소리가
부활의 함성이
온 우주에 가득할 것이네.

그리고 영원한 생명을 누리며
부활을 누리며

봄의 주인께 감사와
환희의 노래를
영원히 드릴 것이네.

야생초

전주 갈멜산(학산) 숲속에서

실록이 우거진
숲속을 오르다
이름 모를 야생화
한 송이 보았네.

발길을 멈추고
떨리는 가슴으로
숨죽이며
바라보았네.

누구를 위해
피어 있는가.
누구를 위해
향기를 쏟는가.

아무도 눈길 주는 이
없는 이곳에
아무도 발길 멈추지
않는 이곳에

이처럼 외롭게
피어 있는가,

그러나 나는 알고 있네.

꽃 주인이 있다는 것을
그 분은 차별이
없으신 분이라네.
온 세상이 다 알고 있는
꽃들만 좋아하시는
분이 아니라는 것을.
그분은 다 알고 있네.
그 꽃 이름을
그리고 자신을 위해
그 곳에 그렇게
피어 있다는 것을

보시기에 좋았더라.
처음에도 감탄하셨듯
지금도 여상이
온 세상 외면하는
꽃 한 송이에도

감동하고 숨죽이며
향기 맡으시며
웃으시고 기뻐하시네.
그리고 사랑하시네.

때문에 야생화는

너무나 행복하고
너무나 황홀하여

어쩔 줄 몰라 수줍게
고개 떨구며
눈물 흘리네.
세상에 그 어떤 꽃들과
비교할 이유 없네.

오직 주인께만
떨림 줄 수 있다면…….

존재의 기쁨과
형용 못할 감사로 충만하네.

오 주님!
들에 핀 야생화가
솔로몬의 영광보다 낫다고 하셨죠.

숲속에 이름 모를
야생화처럼
온 세상에 외톨이 되어도

주님만을 위해
피게 하소서.
주님만을 위해

향기 쏟게 하소서.
주님만을 위해 존재하다
사라지게 하소서.

주님만이 존재의
모든 것의 모든 것입니다.

그리움

전주 변화산 계곡에서

인생은 생래적
그리움으로
사는 존재인가 보네.

낳아준 어머니의 품을
평생 그리워하고

자라고 떠난 고향을
연륜이 더할수록
더욱 그리워하네.

사랑하면서도 떠나보낸 님을
한없이 못 잊어하고

희노애락의 삶이 묻어있는
추억들을 그리워하네.

마음대로 만날 수도
찾아갈 수도
이루어질 수도
없는 아픔들은
사무치는 그리움 되고
절절한 기다림은
애틋한 한을 만드네.

그것이 삶의 무게를 더하고
존재의 깊이를 더하게 하네.

오늘날 문명의 소산물들은
이 모든 보화를 빼앗고
사라지게 하네.

하여 인생은 가랑잎처럼 깃털처럼
존재의 한없는 가벼움으로 흔들리고
바위 없는 계곡물처럼
힘없고 허허로워지네.

이제는 신앙마저도 존재의 품을
그리워함도 떠나온 에덴을

사모함도 무디어져 가고

십자가의 사랑도
부활의 감격도
다시 오심의 절절한 기다림도
희미해져 가네.

그러나 나는 오늘도
영원의 품을 그리워하고
존재의 근원 되신
그분의 얼굴 뵈옵고 싶어
제비처럼 슬피 울며
비둘기 눈 되어 기다리네.

영원을 사모하는 마음은
주님이 주신 마음이네.
영원에의 그리움이
풀섶에 맺힌 새벽이슬처럼
피곤한 영혼을 적시어 주고

영원의 기다림은
천근처럼 무겁고
쓸쓸한 나그네의
발걸음 가볍게 하네.

영원에의 믿음은

천만년의 고독도
허무의 강도 건널 수 있게 하고

영원에의 설레임은
오늘도 형용 못할 기쁨이 되어
행복의 눈물을 흘리게 하네.

복음의 씨암탉

신안군 증도 해변에서 [1]

내 인생 살아오는 동안
오늘처럼 부끄러움
느낀 적 없었네.

쇠망치로 뒤통수를
맞은 것보다
더 한 충격이었네.

눈시울을 적시며 들었던
문준경 전도사님의 이야기는
내 영혼의 사라지지 않는
메아리로 울려오네

[1] 문준경 전도사의 사역 이야기를 듣고서.

첫날밤에 사라진
신랑을 그리워하고
원망하며 살았던 20년
늙은 시아버지를 섬기며
살아야 했던

이 여인의 가슴에
맺힌 한을 어찌할고.
이 무슨 기구한 운명이란 말인가.

지난 삶은 예행연습이었던가.
새로 만난 진짜 신랑마저
얼굴도 보지 못하고
또 다시 20년을
하늘 시아버지를 섬기며 살았네.

그러나 신랑을 사랑했네.
행복하였네.
너무나도 행복했었네.
지나온 삶의 의미도 다 깨달았네.

그리고 신랑에게 미쳤네.
복음의 전사가 되고
구령의 불덩이 되었네.
바다에 심겨진 뽕나무가 되었네.

그 앞에는 인생의 두려움도
천년의 고독함도
만년의 절망도
영원의 죽음도
한낱 사치스러운 이야기일 뿐
세상이 감당 못할 여인이 되었네.

자신을 죽이는 원수를 용서하고
순교의 거룩한 피를 뿌린 모습은
스데반보다 위대하고
어머니보다 더한 헌신은
성 테레사보다 빛나네.

나폴레옹의 사전에는
불가능이 있어도
이 여인에게는
불가능이란 없었네.

알 잘 낳는 씨암탉처럼
위험에 처한 새끼를
끌어안고 죽는 씨암탉처럼
진정 문준경은
복음의 씨암탉이네

누가 신안에 해저 보물이
세계 최고라 했던가.

아니네.

외로운 섬 여인 문준경 그가
세계 최고의 보물이라네.

누가 증도의 태평염전
천일염이
세계 최고라 했던가.
아니네.

신안에 밀알된 문준경이
세계 최고의 소금이네.

복음의 거성 바오로보다
증도의 청상과부 문준경이 부럽네.
그리고 한 많은 과부를 붙들고
100여 개의 교회를 세우신
하나님께 경배하네.
주님을 찬양하네.

아! 이제 죽어가던
사명감은 살아나고
희미하던 나의 갈 길이
밝게 보여지네.

해비치의 아침

탐라도(제주도 옛 이름) 표선 해비치 해변에서

유난히도 요란하던
간밤의 파도소리

어둠은 저 멀리 물러가고
끝없는 수평선 위엔
고깃배 여유롭네.

탐라도 해비치의 일출은
천국의 장관을 보는 것 같고

구름 위로 솟아 오르는
웅장한 태양 빛은
하늘 보좌 위에 계신 분 같네.

은빛으로 출렁이는
눈부신 동녘 바다는
천국의 유리바다처럼 찬란하고
끊임없는 파도소리는
천사들의 쉬지 않는 노래 같네.

밀려왔다 밀려가는 세찬 파도는
천만년을 부딪쳐도

바위는 꿈쩍도 아니하고

오늘도 수많은 인생들은
밀려왔다 밀려가나
하늘은 변함이 없네.

아! 물거품 같은
인생의 소망은
해비치의 신기루 같은
아침 천국이 아니라

영원한 천상 천국의
아침이라네.

마라도

한국 최남단 마라도교회에서 [2]

보이는 것은 망망대해
주위엔 온통 검은 바위뿐

저 멀리 수평선 너머
뭉게구름 피어오르고
점점이 떠 있는 고깃배 외롭네.

파도 소리 갈매기 소리
물질하는 여인들의 한숨 소리는
고도의 정적을 깨뜨리고

영원한 세월의 세찬 바람만
할퀴고 지나간
돌덩이 위엔
생명의 등대만 우뚝 서 있네.

땅에 붙은 잣나무 고개 숙이고
깃발 같은 억새풀
손 흔들며 반겨주네.

....

2 많은 사람들이 자살하려고 마지막 길로 왔다가 방다락 목사님을 만나 회심하여
복음전도자들이 됨

손바닥만큼 작은 섬 생존이
기적인 이곳에 언제부터인가.
고독한 영혼들이
마지막 길로 찾아들었네.

그러나 허무한 삶의 끝자락에서
진리를 만나 새로운 삶을 얻고
그리고 온 세상 살리고
영원한 소망을 주는 자들로
돌아간다네.
참으로 놀랍네.
이처럼 작은 섬
작은 교회가
온 세상 사람 살리는
비전을 갖다니

주여! 마라도 교회를 축복하소서.
복음의 등대지기를 축복하소서.

먼지처럼 작은 섬
작은 종을 붙들고
만민의 가슴 속에
복음을 심으시는
하나님의 신비한 경륜 앞에
엎드려 경배하네.

마라도보다 더 외로운
인생길이라도
더 큰 복음의 비전으로
살아가야겠네.

선운산

고창 선운산 단풍 숲속에서

구름도 고요히 머물다 떠나는 곳
해마다 보고 또 보지만
숨 막힐 듯 아름다운
자연의 신비 앞에는
언제나 할 말을 잃고 마네.

온 세상 다 돌아본 것 아니지만
선운산 가을 단풍은
가히 천하제일일세.

불타는 숲 속에 홀로 앉아
하늘 땅 사방을 둘러보니

천만가지로 물든
형형색색 잎새들은

보는 이로 삼매경에 젖어들고
현기증 일으키는 황홀함은
그야말로 무릉도원이 이곳이네.

선운산 가을 단풍은
겉 단풍도 눈부시지만
속 단풍 아기 단풍은
그 깊이를 측량 못할 물길 같네.

백설이 잦아진 겨울엔
동백꽃 만발하고
삼복더위 여름엔
시원한 계곡물에
고기떼 한가롭네.
꽃 천지 봄날엔
지천으로 널려있는
상사초가 가슴 아프고

천년 사찰의 고가는
퇴색되어도
선운산의 연년추색
아름다운 가을은
변함이 없네.

히말라야 설산이
제 아무리 만년의 신비를

자랑하여도 잠시도
머물 수 없는 그곳이네.

하지만 천국과 같은 이곳은
언제까지나 머물고 싶어
뒤돌아보는 발걸음 가볍지 않네.

아! 산위에 머물던 구름도 가고
시절 따라 밀려 왔던 사람도 가고
산사에 머물던 도인도 가네.
곱디고운 낙엽 띄운
시냇물도 흘러가고
소슬 바람에 우수수 떨어진
낙엽들도 쉴 곳을 찾아 굴러가네.

그러나 선운산 가을의 주인은 영원하네.
만물이 그분을 노래하듯

나도 창조주의 오묘한 섭리를
찬양하며
그분을 향하여 가고 있네.

선유도

어둠이 물러간
선유도의 아침

배고픈 갈매기
물가에 서성이고

만선의 꿈 실은
고깃배들 한가롭네.

조개 잡는 아낙네들
노랫가락 한스럽고

물 빠진 새벽 갯벌은
여인의 속살처럼
신비하네.

낯선 길손에게
이름 모를 꽃들이
미소 짓고
갯바람에 흔들리는
갈대숲이 손 흔드네.

이리보나 저리보나
천혜 비경 선유도
선녀들이 놀다 갔다는
선유봉이 신비하고

돌아오지 않는 주인을
아직도 기다리는
망주봉 위엔 어디서
찾아온 구름인가
머물다 돌아가네.

끝없이 펼쳐진
은빛 모래사장
보는 이 가슴 벅차고
황홀하네.

왔다가는 나그네마냥
백사장의 파도는 천만년을
밀려왔다 밀려가네.

가는 가을 아쉬워인가.
풀벌레소리 새소리
바람소리 파도소리
소리 없는 소리들이

입의 기운으로 지으신 이를

소리 질러 찬양하네.

아! 잠깐 머물다 가는 나그네
점점이 떠있는 해 지는
고군산군도 파도 위에서
영원을 사유하네.

아침산행

전주 갈멜산 자락에서 아침 산행중

이른 새벽 기도는
쇠잔한 영혼을
젊은 독수리 되게 하고

아침 햇살 드리우지 않은
골짜기 개울물은 아직도 노래하네.

새벽이슬 듬뿍 적시운
풀잎은
마음 서리게 푸르르고

이름 모를 새들의 합창은
천사의 오페라를 부끄럽게 하네.

산허리에 휘늘어진
아카시아 향기는
온 세상 향수를
무색케하고

지천으로 펼쳐진
꽃길 속에서
찬양하는 내 영혼
아담도 부러워하네.

잡을 수 없네

전주 변화산 계곡에서

창공에 흘러가는 만상의
뜬 구름 잡을 수 없네.

천상의 노래를 부르며 흘러가는
시냇물 잡을 수 없네.

갈대를 춤추게 하며
스쳐가는 바람 잡을 수 없네.

사랑하기에 떠난다는 임

눈물 흘려도 잡을 수 없네.

쓸쓸한 뒷모습 남기고 저만큼
멀어져 가는 가을 잡을 수 없네.

인생은 아무것도 잡을 수 없는
바람잡이라는 솔로몬의
탄식이 가슴을 아려오네.

아! 그러나 나는 잡으려 하네.
떠나지도 사라지지도 않는
영원을 잡으려네.

청송 주왕산

이광복 목사님과 청송주왕산을 다녀가면서

그 악명 높은 청송
감호소가 있는 이곳에
이렇게도 신비한
명산이 있었다니

보지 못하고 떠난
사람 그 어찌

한스러운 일 아닌가.

등잔 밑이 어둡다
했든가. 제 것이 귀한 줄
모른다 했던가.

어찌 만년 설산
히말라야 알프스는
그렇게도 감탄하면서
이곳을 몰랐단 말인가.

세 살 철부지도
백발노인도 앞마당
거닐 듯 오를 수 있는
반도의 명산 주왕산
눈 가는 방향 따라
천의 얼굴이요

마법 같은 신비감은
안견의 몽유도원도가
무색하네.
만년을 흐르는
주왕계곡 맑은 물은
가을 하늘처럼 투명하여
태곳적 에덴의
생명수 같고

그래서인가 병을 고쳤다는
급수대 물은
오늘도 너무 맑고
고요하여 그림 없는 그림으로
또 다른 세상을 수놓고 있네.

운해 걷힌 계곡
아침 햇살 비끼니
신선들이 사는 세상인가.
속속들이 신비하네.
가을바람에 춤추는
깊은 계곡 갈대숲은
보좌를 찬양하는 천상의
천사들 같고

천만년 쏟아지는
용연폭포 웅덩물은
천사의 목욕물도
이보다 깨끗할까.

백학을 잃은 청학이
오늘도 슬픈 그리움으로
기다린다는 학소대 위엔
가을 풀벌레 소리만 처량한
메아리 되어 맴돌고
자연의 섭리로

형형색색 물드는 천만 색
단풍은 시간 따라
황홀경을 만들어 가네.

주왕계곡 하늘 찌르듯
마주한 기암괴석 신비함에
필설이 부끄러워
아! 오! 만 연발할 뿐
주왕산아,
너는 멸망당한 주나라
왕의 애환을 담은
슬픈 산이 아니라

주님이 왕이 되어
영원히 다스리는
천국 시온산과 같은
산이 되어라.

흐르는 물 위에 떨어진
곱디고은 낙엽은
먼 여행을 떠나고

하룻밤 나그네는
천국의 벗들과
무릉도원 노닐다
돌아가네.

거제도 서진선교대회

거제 호산나교회에서

한때는 전쟁 포로들이
머물렀던 슬픈 애환을
간직한 땅 거제도

오늘은 예수 십자가
복음의 포로 된
용사들이 모였네.

우리들도 그 옛날은
붉은 용 마귀 사탄의
노예가 되어 사망의
포로가 아니었던가.

자랑할 것은 죄 밖에
없었고 똥만도 못하고
구더기만도 못하던
우리가 아니던가.

천만번 벼락 맞아 죽어도
모래 바닥에 혀를 박고 죽어도
변명 못할 몹쓸 죄인 중에
괴수들이 아니던가.

저 펄펄 이글거리는
유황 불못에 던져져
영겁의 세월을
슬피 울고 이를 갈아도
유구무언일 우리가 아니던가

그런데 웬 은혜란 말인가.
웬 사랑이란 말인가.

십자가 구속으로 모든 저주에서
풀려나 자유인이 되었네.
하늘 왕의 전령이 되었네.

이젠 복음으로 죄와
사망의 포로 된 자들에게
자유를 선포하고 희년을
선포하는 자 되었으니
이 어찌 감격할 일 아닌가.

서진이여! 일어나라.
모든 족속이 기다리고 있다.
온 천하 만민이 기다리고 있다.

땅 끝 슬픈 백성들이
애가 타도록
눈물겹도록 기다리고 있다.

가라. 가서
모든 족속의 가슴에
갈보리 십자가를
꽂아라.

어린양의 피를
부어 흐르게 하라.

가난과 무지 때문이 아니라
예수 없는 자가
지옥에 빠져
억 천만년 흘리게 될
눈물을 닦아 주어라.

그들도 희년의 축복을
누리게 하라.
천국의 기쁨을
맛보게 하라.

하나님의 피맺힌
소원을 이루라.
주님의 비원을 이루고
교회의 사명을 다하라.

다시 오실 왕의
대로를 예비하라.

신천신지가 도래하고 있다.
서진이여, 그날의
영광의 주인공으로

영원하신 왕 예수님을
목이 터지도록 찬양하라.

함박눈

첫 함박눈 내리는 아침 예배당 창가에서

어느새 찜통 여름은 가고
가을 오는가 싶더니만
눈부시고 가슴 놀라게 물들었던
잎새들은 낙엽으로
찬바람에 뒹굴고

벌써 예배당 창밖에
첫눈이 내리네.
함박눈이 내리고 있네.
앙상하게 옷 벗은 나뭇가지에
하얀 눈꽃을 피우네.

왜 첫눈 내리는 이 아침에

옛 생각이 떠오르는가

어린 시절 책보자기 등에 메고
허리까지 차는 눈길을 헤치며
등교하던 산비탈 바닷길이
그리워지네.
성탄절 새벽송을 부르며
이 마을 저 마을
이 산 넘고 저 산 넘어 가다
눈 덮인 웅덩이에 굴러 떨어져도

행복에 겨워 깔깔대던
천국의 친구들은
어디에 살고 있을까.
그때가 그립네.
젊은 날에 추억을 수놓았던
그 수줍고 해맑은 소녀와
함박눈이 펑펑 쏟아지던 밤

벙어리장갑 낀 손
꼭 잡아주고 헤어지던 그 밤이
왜 이리도 가슴 저리게
그리워지는가.

영원을 함께 하기로
굳게 약속하던 함박눈

쏟아지는 그날 밤

뚝방천변 눈밭에 누워
얼굴 가까이 입김 서리던
그때가 그리도
애틋하게 그리워지는가.

내 인생 두 번 다시
기억하고 싶진 않는
함박눈도 있었다네.

사형선고를 받은
말기 암으로
생명의 외줄에서
휘청거리고
천길만길 벼랑 위에 달려
시간 다툴 때

쏟아지는 함박눈은
생명의 길을 가로막고
사선으로 밀어 넣는
죽음의 재앙이었네.

그런데 오늘 아침
함박눈은
천사의 베갯잇인가

눈부시도록 아름답고
소녀처럼 설레임은
아마도 내 인생이
봄날인가 보네.

함박눈은 인생의
기쁨이고 슬픔이다.
낭만이고 아픔이다.
설레임과 행복한
추억인 것을

아, 그 언젠가
천국에서 맞게 될
함박눈은
모든 불행 사라지고
행복의 극점에서

창조주를 감사하여
찬양하고 경배하리라
믿네. 영원히……

영혼의 눈물

새벽기도 시간에 [3]

창밖에는 흰눈이
펑펑 쏟아져
온 누리가 순백의
세상이 되었는데

어찌하여
내 영혼은 흐르는
눈물로 강을 이루는가.

죽은 자의 눈에는
눈물이 흐르지 않네.
살아 있기에 눈물이
흐르는가 보네.

내 영혼은 어찌하여
울고 있는가. 아마도
영혼이 눈물을 흘릴 때는

풀 수 없는 운명이
족쇄되어 벗어나지
못할 때인가 보네.

3 왠지 모를 눈물이 자꾸만 솟구쳐서—시를 쓰면서도 울고 또 울었다.

그 운명을 저주하고
원망하고 싶어도 그럴 수
없을 때인가 보네.

상처받은 병든 영혼이
치료받지 못하고
위로받지 못할
때인가 보네.
인생의 미로에서
하나님의 뜻을
알 수 없을 때인가 보네.
무저갱과 같은
블랙홀에 빠져
절망할 때인가 보다.

아니 울고 싶어도
울 수 없고
통곡하고 싶어도
통곡할 수 없을
때인가 보네.

허나 인간의 눈에서
흐르는 눈물은 그것이
무엇이든지 진실이라면
아름답지 아니한가.
자신에게 주어진

운명을 껴안고
그 운명을 사랑하고

평생 벗지 못할
짐을 지고
그 운명의 주인 앞에
감사하며 흐르는
눈물이라면
비록 아픔일지라도
이보다 더 아름다운
눈물이 있을까.
어쩌면 그 눈물은
천국의 순례자에게
정화수가 되리라.

내 눈이 얼마나
메말라 있기에
이렇게도 눈물을
쏟게 하는가.

메마른 눈으로는
천국이 잘 보이질
않기 때문인가.

눈물 없는 곳에서 오신
주님도 눈물로 통곡

하셨거늘…….

눈물과 기쁨 사이를
수없이 왕래하는
시계추와 같은
실낙원 인생이겠는가.

내 영혼아
눈물을 멈추어라.

머지않아 눈물 없는
나라에서 영원을
살 것이니

영혼아 눈물 골짜기를
오히려 감사함으로
찬송함으로 지나가자.
더 이상 족쇄 같은
운명 때문에 울지 말고
네가 흘려야 할
눈물이 있다.

밤마다 요를 적시고
침상을 띄웠던
다윗의 참회의
눈물을 흘리자꾸나.

멸망하는 조국을 끌어안고
눈동자가 썩을 만큼
울고 또 울었던
선지 예레미야의
눈물을 흘리자.
인류를 구원하려고
겟세마네 동산에서
통곡하시던 주님의
그 눈물을 흘리자꾸나.

주께서 그 병에 담으시는
눈물은 구령을 위해
흘리는 눈물일 것이라.
주님 다시 오시는 날
하늘의 임금이 그 손으로
이 모든 눈물 닦아
주실 것이니

그리고 다시는
슬픈 눈물 볼 수 없으리니.

흐르지 않는
기쁨의 눈물만
영원히 흘릴 것이네.

봄의 향연

변화산 계곡 호수에 비친 봄 풍경에 너무나 놀라서

뼈만 앙상한 나무
어디에 숨어 있었던가.
지난겨울 북풍과
눈보라 속에서도

생명을 감추고
인고의 봄을 기다리던
수많은 나무들

때 이른 봄 날씨에
화들짝 놀라
기회 놓칠까봐
앞 다투어 마른 가지
뚫고 나오는
생명 터지는 함성이
온 누리에 충만하네.

빨리 얼굴 내밀지
않으면 사람들 눈길
잡지 못할까봐
일시에 온 세상
꽃으로 단장하였네.

누가 그리고 있는 그림인가.
회색의 산과 들을 연두 빛
생명의 물감으로 온 누리를
칠하고 있네.
너무나도 희고 깨끗한
순백의 산 벚꽃
가슴 설레는 핑크빛
벚꽃도 만발하고
눈꽃 같은 조팝나무
휘늘어지고

그늘진 소나무 아래
가냘픈 진달래가
살포시 미소 지어주네

청사 초롱같은 뻘쭉꽃이... 반겨 맞고
땅을 뚫고 나무를 찢고
터져 나오는 생명들의

외마디 비명 소리는
여인이 생명을 탄생
시키는 소리 같네

온 산천 꽃들의
미소와 향기 진동에
노랑나비 춤추고

꿀을 찾기에 바쁜
벌들은 날개가 보이지 않네.

무엇이 좋아서일까.
무엇에 놀라서일까.
작년에 울던 그 산새들
지저귀는 소리는 산골에
메아리치고... 하늘도 흔드네.
변화산 골짜기는
차마고도 협곡도 아니요
잉카인들이 오르내리던
마추픽추 우루밤바
계곡도 아니지만

석양 노을이 계곡에
흐르니 시간마다
변화무쌍한 봄 동산이

고요한 산속 호수에
그려지는 물그림자의
비경에
발걸음 떼기 쉽지 않네.

저 아름다운 신비한
한 폭의 무릉도원 같은
동양화를 어느 화가가

그릴 수 있을까.

봄의 주인이신 창조주만이
그릴 수 있네.
내일이면 다시 볼 수 없을
물 그림을 천국까지 가져가려네.

주님!
지난겨울 깡마른 나무처럼
생명을 잃어가는 인생에게
다시 봄을 주어
생명을 노래하고

부활을 증거하는
인생으로 축복하심을
감사하나이다.

하나님이 창조하신
온 세상 천혜 비경
아닌 곳이 어디 있을까.

더 찬란한 에덴의
봄을 기다리며
봄의 주인 앞에
두 손 들고 영원히
송축하나이다.

세월호여 탐욕이여

진도 앞바다 맹골수에 세월호 침몰을 보면서

오, 어쩔거나
하늘의 영물 루시퍼는
하나님 보좌를
탐하다 지옥의
화신이 되었네.

오, 어쩔거나
첫 사람의 여인
하와는 금단의
열매를 탐하다
온 인류 망하게 하였네.

오, 어쩔거나
가나안 입국 성공자
아간은 하나님의
전리품을 탐하다
아골 골짜기 돌무덤
되었네.

오, 어쩔거나
선지자의 시종
게하시는 주인을

속이고 은과 옷을
탐하다 문둥병
조상이 되었네.

오, 어쩔거나
이스라엘도
한분 하나님으로
만족 못하여 다른
신 탐하다
심판으로 역사의
조롱거리가 되었네.

오, 어쩔거나
예수님 제자
가룟유다는 은30
탐하여 스승을
팔아먹은 배신자 되어
지옥 맨 밑창에
떨어졌네.

오, 어쩔거나
세월호 선주의 블랙홀 같은 탐욕이
진도 앞바다
맹골수에다
꽃다운 목숨들을
수장시켰네.

조국의 자존감마저
침몰시켜 온 천하에
병든 조국의 부끄러운
치부를 드러내고 말았네.

이 어처구니없는
참극에 할 말을 잃었고
하늘도 울고 땅도 울고
잃은 자도 울고 조국도 울어
눈물이 강을 이루고
바다를 만들었네.
세월호 선주의 탐심이
오늘 이 비극의 원흉이요
조국호의 탐욕이
참극의 원천이네.

탐욕은 하나님의 원수요
온 인류의 원수이며
조국의 원수이며
세월호의 원수라네.

초대교회 성도들은
탐심 버리고 재산 팔아
가난한 이웃 구제하여
천국의 부자가 되었는데

광야에서 하나님의
백성들은 고기를 탐하다
시나이 광야에
무덤이 되고 말았네.

온 세상 사람들아
조국의 백성들아
세월호의 선주여

하나님의 아들의
우레 같은 소리를 들으라.
삼가 탐심을 물리치라.
사람의 생명이 소유에
있지 않느니라.

끝까지 탐심을 고집하면
진도의 맹골수가 아닌
지옥 유황불못에 침몰되어
영원히 슬피 울며 이를 갈게
될 것이네.
오, 어쩔거나
세월호의 원수는
탐심이로다.

꽃무덤

갈멜산 자락을 산책하면서 [4]

갈멜산 자락
한적한 무덤 동네가
온통 꽃으로 뒤덮였네

내 인생 사는 동안
적막한 무덤 위에
저토록 많은 꽃들이
뒤덮인 신기한
광경을 예전에
미처 본적 없었네.

눈처럼 새하얀
개망초꽃
쇠어버린 삐비꽃
새빨간 산딸기
넝쿨로 덮인 무덤은

백발노인의 머리칼인가.
시체 덮은 시트인가.
오물을 덮어버린
밤새 내린 눈송인가.

....
4 온통 꽃으로 단장된 무덤을 보고 많은 생각이 나서.

제 아무리 무덤이 꽃으로
단장하였어도
생명 없는
무덤일 뿐

피라미드가 아무리
불가사의해도
생명 없는 돌무덤이요
타지마할이
아무리 온 세상
탄성을 자아내도
생명 없는 대리석
무덤에 지나지 않고

병마 총이 아무리
태산처럼 장엄해도
한낱 허망한 흙무덤에 지나지
않네.
생명 없는 세상
모든 문명은
개망초로 단장한
무덤과 같고

생명 없는 세상
모든 종교도
쇠어버린 삐비

꽃으로 단장한
무덤과 같으니

죽어버린 신앙은
무덤가에 뒤엉킨
못 먹을 산딸기
열매라네.

죽음 없는 천국에는
무덤 없으니
개망초로 저 허무의
언덕을 가리울 리
없다네.

아, 산자락 꽃 무덤아
나는
생명의 꽃들로 만발한
저 천국의 들녘을
주님과 함께 걷고 싶어라.

계곡 숲속의 대합창

변화산 계곡 버드나무 아래서

긴긴 하루해는
서산으로 기울고
장마철 먹장구름은
하늘을 뒤덮네.

한줄기 소나기라도
쏟아지려나
계곡물 고요히 흐르는
숲속을 거닐러니

웬 노랫소리 천지를
진동 하는가 곧 다가올
어두움 때문인가.
장마철 소낙비 전조인가.

모든 산새들 목이 터져라
부르는 노래 소리들
이름 모를 생물들이
무슨 경쟁하고 있는 걸까

왜 저리도
소리 질를까.

귀 아프게 노래하네.

콘크리트 건물 속에
갇혀 온종일
더위에
시달리던 곳과는
별천지 천국이네.
수많은 산새들의
노랫소리
풀벌레들의
울음소리

노래하는 계곡
물소리
하루살이의 허무한
절규 소리인가.

수년을 기다리다
한철 운명을 타고
탄생한 생명들은

무엇이 안타까워
저리도 소리 질러
아우성치는가.

기기묘묘하고

이상한 소리들은
절묘한 하모니를
이루나

아무리 귀 기울려도
알 수 없는 의미들이여.

신을 위한 찬송인가.
길손을 위한 노래인가.
그 소리들에 놀라고
바람에 놀라서
춤추는 나뭇잎들은
생명의 기운을
품어내고 있네.

숲속의 대 합창을
듣고 또 들으니
지쳐버렸던 육체의
피곤함은 사라지고

곤고한 영혼은
시원하고
가을 하늘처럼
맑아져 오네.

유난히도 하늘 닿은

버드나무에 붙어서
숨 넘어 갈 듯
울어대는 저
매미 소리는 언제나
그치려는가.

아, 이 계절 끝날 무렵
저들의 노래도
사라지리니.

주여!
이 생명 있는 동안
목이 터져라
피가 나도록
복음을 외치게 하소서.
기도하게 하소서.
찬양하게 하소서.
하늘에서 끝없는
날들을 사라지지
않는 노래를 부를 때까지

조국교회를 위한 애가(哀歌)

나의 조국 대한민국과 한국교회를 너무나 사랑해서 [5]

먼 태고적 상고시대
우리들의 조상들이
하늘의 삼위 한 분
하나님을 섬기시었네.

그러나 어찌하여 하늘의
삼위 한 분 하나님을
하늘 땅 인간으로
현현한 범신으로 섬기게
되었는고.

그로 인하여 수많은
신을 섬기는 족속으로
떨어져 하나님의
영광은 떠나고 저주의
땅이 되었도다.

고조선 건국의 단군왕검은
셈의 자손 욕단의 후손으로

---

5. 2013년 WCC총회와 2014년 5월22일은 한국교회에 가장 치욕스러운 날이었다.
NCCK와 로마카톨릭과 신앙직제일치선언은 1910년 8월22일 경술국치 한일합방보
다 더 치욕이고, 1938년9월9일 장로교 28차 평양총회의 신사참배가결보다 몇 천배
더 악한 범죄다.

하늘의 하나님을 섬기는
제사로 나라를 새롭게
출발하였으나

어찌하여 또 다시
수많은 잡신을 섬기는
나라로 전락하여 하늘의
영광은 떠나고 저주와
고난의 나라가 되었는고

그러나 예수님은 이 땅을
기억하시고 삼국시대에
땅 끝 나라 가야와 신라로
부활의 산 증인 제자 도마까지
보내서 이 땅을 한 분
하나님만 섬기고
십자가 복음으로 나라를
세울 수 있는 기회를 주었으나
헛된 우상 종교에 짓눌려
하늘의 축복은 거절당하고
말았도다.

그래도 하나님은 이 땅을
외면치 않으시고 구한 말에
청교도의 후예들을 보내사
이 땅을 십자가 복음으로

세우게 하였네.

그러나 또 다시 우리의
선진들이 망국의 박해를
피해 보려고 신사참배를
국민의례라 변호하며
하나님의 계명을 깨뜨리고
우상 숭배함으로
하나님의 영광이 떠났고

하여 옛 선지자는
조국교회가 창조주와
언약을 깨버리고
배신하므로
하나님의 영광이
평양을 떠났도다. 조선을
떠났도다. 탄식하며
대동강아 모란봉아 천년만년을
나와 함께 통곡하자던
순교자의 절규가
지금도 들리지 않는가.

하나님은 진노 중에도
순교자들의 흘린 피를
긍휼히 여기사 6.25 재난 후
이 땅의 반쪽이나마

보존 유예하사 오늘까지
유일신 하나님만
섬기게 하여 세상에서
가장 교회 많은 나라
밤이면 온 땅이
십자가 불야성을
이루는 천국 닮은 나라
세워 주셨네.

그리하여 비록 병든
조국교회지만 온 세상
만민에게 십자가 복음
전하는 축복의 땅을
만들어 주셨건만

오! 통재라.
오! 애재라.
어찌하면 좋을 거나.

이 땅의 하나님 백성들이
루시퍼처럼
하나님을 향한 반역의
깃발을 들었도다.
이 무슨 사탄의 미혹인가.
종말의 징조란 말인가.

130년을 순교자의
피와 진리로 지켜온
조국교회가 어찌하여
또 다시 우상 종교
살인 종교와 일치하고
잡신 종교와 만신 종교와
하나 될 수 있다는 말인가.
하늘 무서운 줄 모르는 이
천인공노할 만행을
어찌 할 건가.

유일신 하나님을 다른 신과
혼합하였을 때 경고하신대로
하나님의 진노가 천지를
진동하고
하나님의 영광은 떠나고
솔로몬의 황금성전도
흔적 없이 불태웠고
목 놓아 부르던 자기 백성
이스라엘도 심판하여
땅 끝까지 흩으셨네.

아! 이가봇의 저주로
그 땅은 멸망 받았고
온 세상에 비웃음거리만
되었다네.

그런데 어찌하여
하나님이 그렇게도
가르쳐 주고 보여 주었음에도
저주의 지름길이요
멸망과 최후의
심판을 피할 수 없는
모든 잡신 종교의 근원인
음녀 바벨론과
가증한 것들의 어미요
호세아를 배신하고 진노 받은
매춘부 고멜의 품으로 들어가
하나 됨을 자랑하고
영광스러워 하는가.

혼합주의 다원주의 신앙이
하나님의 원수임을
모른다는 말인가.
어찌하여
악마 루시퍼의 무리들과
하나 되는 악을 눈 하나
깜짝 않고
우리 주 예수님을
배도 배교할 수 있다는 말인가.
하나님의 영광이 조국
교회를 떠났도다.

예수 그리스도만이
유일 구원자라는 진리는
하늘과 땅이 천만번
무너지고 쪼개져도
결코 양보할 수 없는
이 우주 상천하지에
하나밖에 없는
만고 불변의 진리거늘

배도의 길잡이요
지옥 유황불못의 가이드인
WCC, NCCK는
십자가 유일 진리를
짓밟는 반역이
두렵지 않는가.
아직도 시내성산에서
나 외에는 다른 신을 두지
말라는 하나님의 음성이
우레처럼 들려오고
오직 나만이 천국 가는 유일한
길이라는 하나님 아들의
변개치 못할 불변의 진리가
천지를 진동하거늘

눈이 멀었는가. 귀가 막혔는가.
사탄에게 속아 넘어간

한국교회여! 조국교회여.

혼합주의 다원주의가
불과 유황 못에 던지우는
심판의 지름길임을
어찌 모른단 말인가.
다가오는 심판이
두렵지 않는가!

오, 하늘의 하나님
어찌해야 하오리까.
조국 교회가 무지함으로
스스로 저주와 심판을
자초하고 있나이다.
세월호가 진도 맹골수에
침몰하는 모습을
온 나라 온 세계가
지켜보면서도
속수무책이었던 것처럼

조국교회가 맥없이
붉은 용의 아가리 속으로
그렇게도 신속하게
먹혀 들어가고 있어도
독사 물린 개구리마냥 방향
잃고 흐린 눈만 껌벅이고

진리를 진리라고 소리치지
못하는 벙어리 개가 되었나이다.

민족교회가 유황 불못의
세월호가 되어가는
이 참담함이 분하고
원통하여 안타까워 가슴 치고
회개의 눈물만 흘리나이다.

오! 하늘의 하나님
한국 교회가 하나님 앞에
범죄하고 패역하였나이다.
행악하고 반역하였나이다.

그 옛날 이스라엘의
혼합신앙으로 그 무서운
결과를 알고서도
신사참배의 결과를
두 눈 뜨고 보고 있으면서도
주의 진리를 거역하고
패역의 길로 가고
있나이다.
조국교회여 끝내 이스라엘의
길로 가려는가.
하늘의 하나님 음성이
들려오고 있도다.

하늘이여 들으라. 땅이여
귀를 기울이라.
나 만군의 여호와가 한국교회를
외아들처럼 그렇게도 사랑하고
사랑하였건만
이제 나를 만홀히 여겨
멀리하고 배도의 길로
가는도다.

소도 그 임자를 알고
나귀도 그 주인을 알건만
한국교회는 나를 알지 못하고
깨닫지 못하여 배은망덕한
패역의 길로 가는도다.

너희들이 얼마나 더 매를
맞으려고 더욱 더욱 패역하느냐.
돌아오라 돌아오라
회개하라 회개하라
거절하면 칼에 삼키우고
순종하면 한국교회는 영원하리라.
하늘의 하나님
조국교회를 긍휼히 여기소서.
우리의 의로 인함이 아니옵고
하나님의 긍휼을 의지하옵고
기도하오니

주여 들으소서.
주여 용서하소서.
주여 용서하소서.
주여 돌아오게 하소서.

회개의 눈물이 이 땅을
적시게 하시고
하늘 보좌 덮은 하나님의
성스러운 옷자락을
적시우게 하소서.

배역한 남쪽만 보지
마시고 아직도 주님 위해
순교의 피가 흐르고 있는
북녘 땅을 굽어 살피소서.
삼손의 마지막 기도를
드리나이다.

주여! "이 한번만 이 한번만"
한국교회를 용서하옵시고
주님의 얼굴 빛을 한국교회에
비추어 주소서.

다시 한 번 참된 하나님의
교회와 주님의 종들이
음녀 바벨론을 이기게 하소서.

위장한 짐승 적그리스도 교황을
이기게 하소서.

비록 그 길이 순교의 길이
될지라도…….

벌써 짐승 적그리스도는
하늘의 백성들에게 전쟁을
선포하니 대환난이
임박하였네.

하늘의 용사들이여!
그리스도의 군병들이여!
강하고 담대하라.

그리고 저 암흑시대에
소리치던 개혁자들의
소리에 귀를 기울이라
중세의 세례요한
사보나롤라는
플로렌스 광장에서
타락한 로마 교황청을
향하여

내가 원하는 것은 교황이 주는
추기경의 붉은 모자가 아니라

주께서 그 사랑하는 자에게
주시는 순교자의 피로 물든
붉은 모자라고 했나이다.

개혁 전 개혁자 죤 후스는
프라하의 광장에서
타락한 무덤 성당을 향하여
진실을 말하라.
진실을 행하라.
진실을 증거하라.
우레처럼 외치고 장열하게
연기처럼 사라진
순교자의 절규가
우리의 갈 길을
보여주고 있지 아니한가.

아 사랑하는 나의
조국 교회여!

조국 교회는 역사에
마지막 남은
하나님의 자존심이다.

지금 음녀 바벨론은
온 세상을 음행의
포도주 비진리로

미혹시키고 있도다.
진노 받게 할 포도주
비진리를 먹여
망하게 하고 있도다.

조국 교회여 그렇게도
하나님의 분노와
흘리시는 눈물이 보이지
않는가
이 지구상에서 음녀
카톨릭 다원주의
혼합주의를 반대하는
교회는 조국 교회 말고
또 있는가

그런데 어찌하여 조국교회마져
유일 여호와 신앙 버리고
바알과 아세라와
혼합한 이스라엘처럼

인류 역사에 마지막 남은
구원주자인 조국교회마져
혼합의 길로 가는가

우리 하나님 어찌
하시라고 그러는가

삼척동자도 다 아는 일을
왜 그렇게 모를 수가
있다는 말인가
음녀 바벨론에서 나아오라는 주님의
마지막 경고에 귀를 기울이라.

오늘날 이 땅에 쏟아
부어준 축복은 무엇을
위한 것인가

세계사에 마지막
영적 중심 국가인
조국 교회에 사명인
만인을 구원하라는 뜻 외에
무슨 다른 이유가 또 있는가
단군의 고조선
건국 이념인 홍익인간도
이뜻이 아니고 무엇인가

인류사에 정통맥을
이어온 통일한국은
반드시 이 하늘의
뜻을 이루고 인류는
막을 내릴 것이다.

그런데 혼합주의

다원주의 용납은 조국교회를
분열시키고 조국교회를
통한 인류구원을 위한
하나님 섭리의
수레바퀴를 부수려는
사탄의 계략이다.

이 사탄의 궤계를
부수어 버리기 위해
여호수아의 유언을
기억하라.

"나와 내 집은 여호와만
섬기겠노라"

조국교회여
오직 예수님
여호와 하나님 한분만
섬기라.

대환난시대 이 신앙만이
천년왕국을 보장받고
영원세계의 그 영광을
누리게 된다.

엘리야 시대

하나님이 남겨놓은
남은 자가 되라.

바벨론 시대
금신상에 굴복하지
않았던 다니엘의
세 친구가 되라.

오직 예수님 재림 신앙 지키는
신령한 영적 춘향이가 되라.

철통같이 바벨론
종교를 배격하고

온 세상을 집어 삼켜
지옥 유황불로 끌고가려는
저 붉은 용의 아가리에서
조국교회를 지켜라.

그리고 한국교에 주신
시대적 사명
세계선교에 올인하라

끝까지 만민 구원을 위해
바치는 헌신과 흘리는 눈물을
전능하신 예수님이 오시는 날

하나님이 다 닦아 주시고
의의 면류관을 씌워 줄 것이다.

아 도래하는 하늘 왕의
발자욱 소리는
더욱 크게 들려오고
신천신지는 열리고 있도다.
조국교회여 영원하라!

불갑산 상사화와 동백꽃

전남 영광 불갑산 상사화 골짜기를 보고서

불갑산 상사화가
골짝골짝마다 붉은 피로
물들었네.

천년을 기다려도
만년을 기다려도
그리운 임 만날 수
없다는 아픔이
무섭도록 서러워

기약 없는 천만년

고독의 세월을
피눈물을 쏟으며 서있네.

행여 기다리고 기다리면
어쩌다 우연히 단 한번
눈이라도 마주칠 수 있다면
무세월 기다리련만
견우와 직녀는
일 년에 단 한번이라도
만날 수 있기에

기다림과 그리움의 행복
설레임과 만남의 행복
헤어짐의 안타까움도
또 다시 소망 주는 기쁨 아닌가.

꽃이 잎을 영원히
만날 수 없어 상사화
이루어질 수 없는 연인들의
애틋한 사랑이 상사화
사랑이라면
어찌 불갑산에만
상사화가 있을까.

한 하늘아래 살면서도
만날 수 없는 그리운 사람들은

모두가 상사초 인생들 아닌가.

아, 이 땅에서
천년을 사랑하고
만년을 사랑한다 하여도
가는 길이 천국과 지옥이라면
영겁의 상사초가 아닌가.
생각하고 또 생각해도
가슴만 아픈 상사화

상사화 만발한
불갑산 동백 골엔
일 년이면 어김없이 한번씩
북풍한설 긴 기다림 속에
잎이 꽃을 만나는 붉디붉은
동백꽃이 만발한다네.

나는 동백꽃 사랑이라도
하고 싶다.
단테와 베아트리체처럼

기다려도 기다려도
그리워도 그리워도
만날 수 없다면 그것은
사랑 아니다. 행복은
더더욱 아니다.

영원히 헤아릴 수 없는
고통과 절망의 운명일 뿐······.
아, 나는 긴 기다림과
그리움 속에 만나는
동백꽃처럼

이 땅에서 그리워도 그리워도
만날 수 없는 사람들과
천국에서 다시 만나 영원히
사랑하며 살고 싶네.

동해안

전북제일노회 동지들과 하룻밤 머물다 가면서

금수강산 반도 나라에
태어나 난생처음
그렇게 소원했던
동해안을 일주하였네

백암온천 뒤로하고
찬란한 아침 햇살 가르며
달리고 달려
동해안 망양 전망대에

올라서니

오늘따라 해안은
태풍의 여파인가
예전에 볼 수 없었던
대자연이 연출하는
기막힌 해변의 쇼는
감탄으로 입다물수 없네

드넓은 바다 끝없는
수평선에서 밀려오는
쓰나미 같은 파도가
해변의 기암괴석
부딛칠때 하늘을 치솟는
물거품은 내 영혼까지
시원케 하네

먹구름 사이로 쏟아지는
태양빛이 성난 바다를
비추일때 번쩍이는
은빛광채는 천국처럼
눈부시네.

바닷가에서 태어나
온갖 풍상 다 겪으며
바다에서 잔뼈가 굵었지만

바다가 이렇게도
표현 못할 장엄하고
신비한 예술의 걸작품을
만들어 내는 줄
새삼스럽게 느껴오네.
이는 물거품 같은
인생이 아니라
하늘의 하나님이
만드시는 걸작중에
걸작일세.

해신당 남근공원
우리 나라에 이러한
공원이 있다는 사실이
두렵고 두렵네.

아무리 문화요 예술이란
옷을 입혀 놓았다지만

신에 노여움으로
심판받는 타락의 도시
폼페이도
벽에 새긴 남근 그림
몇 조각이요.

사탄의 도시 네팔 카두만두에

남근 신전에도 부드러운
남근 몇개로 진노받을
도시로 정죄하거늘

세상에서 가장 축복받은 땅
대한민국 세상
그 어디보다 아름다운
해변에다 저렇게 남근을
적나라하게 조각할 수
있을까
사람들에게 무슨 생각
심어줄까

음욕만 품어도
지옥간다 하였는데
전설도
보기싫어
한눈감고
돌아섰네.

촛대 바위에 올라서니
내가슴 더욱 떨리고 떨려오네
누가 알까
저 촛대는 교회요
바위 반석은 예수님인것을

오 어떻게 천만년을
저렇게 모진 비바람
거센 파도에도 끄떡않고
서 있는가

다 삼키고 다 부셔버릴듯
성난 파도가 끊임없이
달려들어 무너 뜨리려 해도
변함없이 서 있는 모습

참성도 모습일세
마지막 대환난
승리하는 참 촛대의
모습일세

아 나는 살아가려네
기세월 저토록 꿋꿋하게
서 있는 촛대처럼

저 아무리 거센파도
성난파도 쓰나미가
부딛쳐와도 끄떡없는
촛대 바위처럼

대환난이 닥쳐오고
음녀가 미혹하고 적그리스도가 박해하고

붉은 용이 삼키려 달려들어도
나는 끄떡없이 촛대처럼
서 있으려네
하늘이 떠나가고
땅은 꺼지고
산과 바다가 사라져도
예수님만 붙잡고
서 있으려네.

비록 나의 인생이
파도에 지워지는 백사장
외로운 갈매기 발자욱
된다하여도
예수님만 붙잡으려네.

나는 살아가려네.
여인의 속살처럼
희고 부드러운
정동진 백사장을

천년만년을 쓰다듬고
어루만지는 파도처럼

아내를 사랑하려네.
양떼를 사랑하며 살려네.
온 세상 영혼을

사랑하며 살려네.

저 백사장 신부보다
더 주님을 사랑하려네
인생은 사랑이 전부인 것을

오늘 하나님이 보여준
동해안은
플로리다 마이애미 비치도
깐느의 7색 니스해안도
그 아름다운 미항
쏘랜토의 나폴리항보다
아름답다는 표현은
부그러운 말일세.

창조주가 만들어내는
경이로운 작품은
신비 그 자체이네.

손끝으로
동해안을 만드신
하나님께 저 물거품같은
인생이 엎드려
경배하고 돌아가네.

천마총

전북제일노회 노회원들과 천마총을 총알처럼 왔다 가면서

아직도 희미한 옛
기억의 도성 경주
그 언젠가 학창시절
수학여행차 철없는
친구들과 정신없이
눈구경만 했던

천년고찰 불국사
태고적 냉장고 석빙고
기천년전 신비한
옛무덤 천마총

힘들게 부소사 석굴암에
올라가 어떻게 저크고
무거운 돌부처 높은 산정
산사의 굴속까지 옮겼을까
너무나도 궁금했던 기억이
아스라하네

천년고도 경주하면
언제나 기억나는 것은
이름 없는 태산 같은

수많은 왕능들

평화스럽고 고풍스럽게
느껴지는 기와집들
유서깊은 사찰과 석탑들
통일신라의 화랑도 정신
현인의 신라의 달밤
우주관측기 첨성대

가장 기억에 남는 이야기는
어린애를 쇳물에 던져 넣어
만들었다는
슬픈 전설의 에밀레종
이야기.

지금도 초로의 나그네 되어
바람처럼 스쳐가는
길손의 귓전에 슬픈
인경소리 들리는 듯 하네.
그리고 경주에 명산
토함산과
죽어서도 나라 지키겠다는
바닷속 문무대왕능
이야기

인생의 가을에

먹구름은 하늘 가리고
소슬 바람에 떨어진 낙엽
정처없이 굴러가는
어둡고 스산한 황혼녘에
무덤 구경이 웬 말인가.

철없던 시절 뛰어 가면서
무심히 보았던 태산같은
무덤들

그러나 이제는
무덤의 소리가 들려오고
어디에 누워 영원히 잠들까
무덤 자리 찾는 나이에

뼈다귀도 없는 무덤을
비 뿌리는 가을에 총알처럼
구경하러 왔네.

왜 이곳에 무덤들은
이름도 비문도 없는가
도굴꾼들이 무서워였을까

천마총 돌무지 덧널 무덤은
말 안장에 하늘을 나는
말 그림이 그려져있어

천마총이란 이름 붙혀진
어느 이름모를 왕의 무덤
이라네.

얼마나 부귀영광을
누렸기에 저토록 많은
보물이 나왔을까
30기가 넘는 저 많은
무덤속 보물 다 파내어
나라빚 갚을 수만 있다면
우리 후손들 편안할 터인데
이집트왕 투탕카멘은 18세에 요절했지만
그의 무덤에서 쏟아진 보물은
박물관 하나를 가득
채우지 않았던가.

왜 저들은 무덤속으로
저 많은 복석들을 가지고
들어 갔을까

죽어서도 왕노릇하고
부자로 살고 싶어서였을까

그러나 남은 것은
천만년 지나도 변함없는
보석들 뿐이요.

그 보물 부둥켜안고
그 보석에 파묻힌 왕조는

뼈도 보이질 않고
찾지 못할 한줌의 티끌로
사라져 버렸네.

아 인생만사
바람잡이라는 옛
지혜자의 허사가가
가을비에 젖은 심사를
아프게 하네.

쿠푸왕도 피라밋 속에서
영원히 살줄 알았으나
다 도둑 맞았고

그 신비한 타지마할도
온 세상 구경거리 되었고

하늘 닿은 진황제의
병마용도 인생 탐욕이
무서운 지옥임을 보여
주었네.

비내리는 황혼에

황량한 경주벌판
황남리 무덤길을
떠나가는 나그네들아!

오늘 무덤 속에 들어갔다
나올 수 있었음은
하늘이 준 은혜일세
헛된 세상욕심 내려놓고
천만년을 변함없는
저 무덤 속 금은보석 보다
더 귀한 금같은
믿음 가지고 살아가세

영원히 잡을 수없는 것
잡으려는 허망한
몸부림 멈추고

영원히 있는 말씀
붙들고 살아가세

말씀은 예수님
말씀은 하나님
말씀이 진정 영원한 보물이요
말씀이 가장 귀한 보석이라네.
오늘은 무덤 길을 걷고 있지만
내일은 무덤 없는 생명의

길을 걸을 것이라.

오늘 무덤에서 나와
백암 온천으로 가고 있지만
내일 주님 오시면
무덤에서 나와 천년왕국
천국으로 갈 것이라.
하여
내 눈에는 천마총
무덤 속에서도
영원만 보이고

황남리 적막한 고분길도
나에게는 황천길이 아니요
영원으로 가는
생명의 길이라네.

십자가 아래 금산죽

새벽 무릎을 꿇고 기도 드리면서

하나님의 축복으로
지어진 예본 강단
십자가 아래는
언제부터인가
서 있는 금산죽 세 그루

이전 날 수많은 나무들
이 제단에 올라 왔다
쉬 내려 갔거늘
어찌하여 저 금산죽은
수년이 흘러갔건만
사시사철 변함없이
푸르게 서 있는가
이름 좋아... 구했었지만
볼 때마다 놀랍고
마음을 사로잡는
신비한 금산죽

새벽마다 무릎 꿇고
그 앞에서 기도하노라면
언제나 내 마음
새롭게 만들어주네.

십자가 아래
변함없이 꿋꿋이 서 있는
금산죽 그대 모습이
주님 섬기는 참 성도... 모습 아닌가

글자 그대로
쇠 금, 묏 산, 대나무 죽.
금산죽 이라네.
변함이 없는 정금 신앙
하늘 닿는 태산 신앙
죽음도 꺾지 못할 절개 신앙
가지라는 주님계시... 아니겠는가.

아 그렇도다.
주님이 원하는 참 신앙은
그 어떤 경우에도
변함이 없는 정금 신앙... 아닌가

천상천하 유아독존
고립무원에 빠진 욥
그가 지켜 내었던
그 믿음 아닌가

자녀도 재산도 건강도
친구도 아내 마져도
다 잃어버리고

고난의 풀무불 속에서
바닥없는 절망과
고독의 블랙홀 속에서
변함이 없었던 그 믿음
참 믿음 아닌가

죄도 없이 이유도 없이
이해할 수 없는 고통 속에서도
변함이 없었던 그 믿음
정금 믿음 참 믿음... 아닌가

태산 같은 믿음은
다 버리고
떠나라는 하나님
말씀 따라갔던
아브라함의 믿음... 아닌가

천신만고 끝에
얻었던 약속의 아들
자기 생명 몇 개를
주고도 바꿀 수 없고

온 세상을 몇 십 개를 주어도
바꿀 수 없는 외아들을
하나님이 달라하시니
왜냐고

일천마디 원망도 없이
일만마디 절규도 없이
하늘에 사무칠 탄식도 없이
영원의 침묵으로

모리아 산정 돌 제단에
독자를 칼로 잡아 드렸네.

하나님을 닮았도다.

영원하신 외아들을
죄인들을 위해
십자가 위에 못박아버린
하나님 하나님

동서고금에 외아들을
신에게 제물로 바친
사람이 또 있던가

네 믿음 인정한다는
하나님의 음성
모리아 산정에 메아리 치네.
영원까지 울려가네.
하나님 닮은 사람
아브라함의 믿음
하늘에 닿은 태산 같은

믿음 참 믿음 아닌가

태양만큼 뜨거운
풀무불로도 그 믿음을
꺾을 수 없었던

다니엘의 세 친구 믿음
절개 있는 대나무
신앙 아닌가
망국의 한을 품고
조국 해방을 비원했던
젊은 유다 청년들

땅에 떨어진
하나님 명예 지키려
풀무불을 선택했네.

풀무불 속에 한 줌의
재가 되어 흔적 없이
사라진다 해도

만번을 죽어도
일편단심 여호와 신앙
꺾지 않으려 풀무불에
떨어진 다니엘 세 친구
그 믿음

대바벨론 제국도
느브갓네살 대왕도
태양만큼 뜨거운
풀무불도

저들의 믿음 기개를
꺾을 수 없었으니
참 믿음 아닌가

오늘 새벽도 여상히
십자가 아래 금산죽
앞에서 무릎꿇어 기도하니

하늘에 아버지여
이 아들에게 큰 은총
내리사

골고다 산정에 세우신
그 십자가 붙잡고
금산죽 신앙 갖고
살게 하소서.
하늘에서 영원히
별과 같이 빛나는
저들처럼

이 아들도 땅에서도

영원에서도 십자가 아래
금산죽 되게 하소서.

아, 금산죽 제단에서
기도하는 예본의
성도들아

우리 모두 천국 가는
그날까지
금산죽 신앙으로 살아가세.

아... 나의 조국 대한민국이여....

동성애 합법을 위한 거센 움직임을 보고 [6]

태초에 하나님이
천지를 창조하셨네.
인간을 남자와 여자로
만드시고
인간에게 성을 선물로 주셔서
생육하고 번성하여
땅에 충만하라
축복하셨네.

오직 금단의 열매를
먹지 않는 언약으로 축복이
영원함을 보장하셨다네.

행복한 가정은 오로지
결혼한 부부를 통해서만
보장됨을 약속하셨네.

그러나 어찌하여
금단의 열매를
따먹고 그 엄청난

---

6 조국 대한민국을 너무나 사랑하는데...동성애 합법을 위한 거센 움직임을 보고
너무나 마음이 아프고 답답하여서.

비극을 자초하여
축복의 조상이 비극의
조상이 되고 시조가 되었는고.

그 자손들은 그
사실을 잘 알면서도
또 다시 하나님이 주신
성을 오용하여 부부에게나
허락된 순결한 사랑을
불법으로 사용하고
신 불신을 가리지 않고 간음하여
하늘의 하나님은 진노하사
온 세상을 홍수로 심판하사
다 멸망시키셨네.

거룩하고 성결한
노아의 가정만 구원받아
제 2의 인류 조상 되었네.

하늘의 유황 불세례를 받아
흔적 없이 사라진 고대도시
소돔과 고모라는
이성간의 사랑으로
만족하지 못하고
동성 간에 추행으로 이름
그대로 소돔이 되어

하늘을 진노케 하여
그 죄악이 하늘까지 사무쳤고
하늘의 하나님이 그 죄악을
직접 목도하시려 강림하셨네.

거룩한 믿음의 조상
아브라함은 하나님으로부터
소돔의 심판과 멸망을
예고 받고 가슴조리며
애타게
의인을 찾았지만

극악무도한 소돔성 사람들은
천사로 현현한 신의
사자들마저 동성애 요구하다
눈멀고 유황불 심판받아
땅을 뒤집어
개미새끼 한 마리 살아남지
못하는 심판을 받았고

지금도 저 소금 바다와
풀 한포기 나지 않는
유황냄새 나는 저주받은 땅이
웅변하고 만세에 심판의 사표가
되지 않았는가.

동성 죄악 눈뜨고 볼 수 없어
가슴 태우며 고통 했던
롯과 그 딸들은
간신이 구원받았으니

다가올 심판을 피하고 싶은가.
동성애를 중단하라.
동성애를 멀리하라.

의로운 롯처럼
동성애자 가로 막으라.
아브라함처럼 기도하라.
소돔을 구할 의인을
찾으라.

그리고 소돔성을
멀리 멀리 떠나라!

하늘의 하나님은
동성애로 저주받은
더러워진 가나안 족속들의
가증한 죄악으로
그 땅이 그들을 토하여
버리고 그들을 심판하여
쫓아낸다 선언하셨네.

이 축복의 금수강산
하나님이 주신 땅이
동성애로 더럽혀진다면
이 땅은 이 백성을
토하여 버리고 심판하여
쫓으실 것이네.

바울은 동성범죄는
하나님의 나라를 유업으로
받을 수 없는 죄악이라
선언하였고

말하기도 부끄러운
죄악이라고 선포하셨네.

예수님의 수제자
베드로는 동성애로
심판받은 소돔 고모라는
후세에 불법한
동성애 범죄자들에게
본을 삼기 위함이라
하셨네.

예수님의 젖동생
유다도 소돔과 고모라
그 이웃 도시들도

간음하고 동성애로 인해

영원한 불 심판을
받음으로 가고 오는
세대에 거울이
되었다 하였네.

아, 하나님의 아들이요
최후의 심판자이신
예수님은 지구 최후의 날이
소돔의 날들과 같을
것이라 하셨네.

동성애는 지구 종말의
싸인이요 최후 심판의
지름길이라 예언하셨네.

그런데 어찌하여 어찌하여
이 땅이 소돔이 되어 가는가.
왜 고모라의 땅을 만들려
하는가.
왜 동성애자들이 득세하는
땅으로 변해가는가.

왜 심판받을 소돔과
고모라의 땅을 만들지

못해 유엔 사무총장까지
인권국가란 명분으로
동성애법을 합법화 시켜라
압력을 넣고 있는가.

그런 일 하려고
세계적 지도자가 되었는가.

에이즈로 고통받는
검은 대륙에서는
반 동성애법을 제정하여
망국을 피하고 신의
긍휼을 얻고자 엄청난
희생도 감수하는데

이 땅의
국가인권위원회라는 허울
좋은 단체는 동성애자들을
비호하는 토치카가 되어
이 축복의 땅을 동성애자
땅으로 만들기로 소원하고
에이즈 재앙으로 망하게
하는 것을 역사적 사명으로
아는가.

유다의 지혜롭고

선한 왕들은 남색하는 자들을
국외로 추방하여 하늘의 은총을
받았거늘
어찌하여 이 땅의 방백들은
신의 진노로 망국을 가려올
남색하는 자들을
어미처럼 맹목적으로
감싸 안는다는 말인가.

나라 망하는 길로 가는 것이
인권의 목적이고 표를
구하는 목적이란 말인가.

기독인이 무관심한 죄악을
범하고 국가가 무방비로
눈감고 있는 사이

국민의 재산과
생명을 지켜야 할
우리 국방의 자녀들이
동성애로 병들고 있는데

이런 동성애 장교와
병사들에게 국가를
맡겨도 믿고 안심할 수

있다는 말인가.
소수에 지나지 않는다
문제 될 것 없다고
항변하려는가.

조그마한 틈새 때문에
방죽이 무너진다는 사실을
외면하려는가.

북조선에선 동성애자로
발각되면 총살형이고
가족들은 그 무서운
수용소로 간다는데

왜 조국 대한민국
국방은 동성애 허용 못해
안달인가.

왜 백주대낮에
동성애자들이 빤스와
엉덩이 축제로 거리를
혼란케 하는 일을 합법적으로
허용하는가.

천하에 몹쓸 죄악을
언론이 비호하고 조장하고

호도하여

에이즈 청정국가가
이제는 위험국가로
국제 사회에 낙인이
찍혔으니

이것이 인류사에 자랑스런
한국인의 모습인가.
동방예의지국
군자의 나라의 자랑인가.
인권국가의 자존감인가.

소망스러운 민족의
자화상인가.

성소수자의 인권을
보호한다는 미명으로
시민의 인권을 위한
참 헌장을 만드는
목적이 이런 것인가.

이제는 초등학생들까지
동성애에 빠지게 하는
참담하고 심각한 상황에
이르렀으니 올 것이 오고

갈 때까지 가버린
불 보듯 뻔한 미래를
어찌하려는가.

이런 결과를 기대하고
성적지향 인권을 보호하고
옹호하고 지원해주는
정책을 추진해 왔는가.

이제는 신의 심판을
앞당기려고 가장 무섭게
경계하고 정죄해야할
기독교마저
동성범죄자에게 성직을
합법적으로 부여하는
천인공노할 죄악을 하나님의
이름으로 자행하고 있도다.
이렇게 하나님을 대적하고도
그 뻔뻔하고 철면피한
얼굴을 들고 다니는 배짱은
누가 준 것인가.

하늘이 무섭고 두렵지 않은가.
도대체 하나님의 심판을
얼마나 경멸하려는가.

이미 동성애로 인해
번져가는 에이즈로
한 해 200만 명 이상을
죽음으로 몰아가고

지금까지 2천만 명 이상
죽었으니 공변된 하나님의
심판의 맷돌은 돌아가고
성경말씀대로 인류는
이미 상당한 보응을
받고 있도다.

동성애자와 인류가
가던 길을 멈추고
회개하고 돌아서지 않으면
죽음으로 끝날 심판이
아니라 영원한 지옥
유황불 심판을
피할 수 없음이 정해진
운명임을 하나님은
경고하고 있도다.

왜 걸려죽지도 않는 광우병에
대해서는 그 많은 촛불을 들고
반대하더니

조국 대한민국을 망하게
하고 심판 받게 할
동성죄악에 대해서는
눈감고 촛불 들지 않는가.

왜 하나님의 백성들은
침묵으로 일관하는가.

자신을 거룩하게 보존하라.
조국의 안녕을 위해
사무엘처럼 쉬지 말고
기도하라.

예레미야처럼
눈동자를 눈물에 썩게 하라.

그리고 분명히 알라.
누군가 이 지구촌을
멸망으로 이끌고 있도다.

그 최후 배후 세력은
바로 옛 뱀 마귀 사탄
붉은 용이다.

이 루시퍼가 성 타락
동성애로 인류를 멸망의

벼랑 끝으로 몰아넣고 있다.

세상이 아무리 미쳤어도
하나님은 결코
동성결혼을 통해
남자가 어머니가 되고
여자가 아버지가 되는
권리까지 부여하라는
괴상망측한 세상을 허락
하신 적이 없다.

이것은 순리를 역리로 바꾸어
세상으로 망케하려는
사탄이 만든 걸작품이
아니고 무엇이겠는가.

나만 아니면 괜찮다는
것으로 위안을 삼으려는가.
조국 대한민국이 병들고
망하는 길로 가는데
나만 홀로 피할 수 있다고
생각하는가.

아무리 병들어도
버릴 수 없는 조국을
눈곱만큼이라도

사랑하는 크리스천이라면

또한 동성법 제정 속에는
교회를 무너뜨리려는
사탄의 무서운 음모가
숨어 있음을
알고 있다면

아브라함처럼
소돔을 위해 기도하라.
고모라를 위해 애타게
간구하라.

조국 대한민국을 긍휼히
여겨달라고 부르짖으라.

의인 롯처럼 가슴을 치며
동성애를 가로막으라.
의인 없는 소돔의 비극을
알고 있다면…….

최후 승리를 원하는
하늘의 용사들아
하나님의 전신갑주를
입으라.
말씀의 검을 들라.

이 패역한 세대와
싸워 승리하라.

병들어 가는 조국을
끌어안고
심판의 길인 줄 모르고
달려가는 소경 같은
저들이 회개하고
돌아오도록 눈물을
흘리며 기도하자.

최후의 승리는
그리스도에게 있도다.
일곱 번째 나팔이
울리는 그날 소돔 같은
이 세상 나라는
심판으로 끝나고

전지전능하신 하나님의
시나리오대로
그리스도가 다스리는
새 하늘과 새 땅
천년왕국이 시작될 것이다.

감사 기도

가을의 길목에서

창문을 활짝 열어
놓지 않으면 잠을 청할 수
없었던 때가 엊그제 같은데

벌써 흰서리가 내린다는
백로가 지난 지금 조석이면
완연한 가을 기운이 감돌고

창문을 꼭꼭 닫지 않으면
감기 손님 찾아오기 쉬운
서늘한 소슬바람이
잎새를 흔들고 있습니다.

올해도 풍년인지 들녘에
영글어 가는 열매들은
농부의 손길 바쁘게 하고

길가 좌판대 위에
쌓아놓은 풍성한 계절
과일들은 보기만 해도
배부르고 부자인
느낌 듭니다.

가을은 감사의 계절입니다.
올 가을은 유난히 여느해 보다
더 깊은 감사를 드리게 합니다.

사실 엊그제 과년한 딸이
시집을 갔습니다.

세상 부모들 생각이
그렇듯 철없고 어려 보이기만한
딸을 누가 데려 갈까
걱정했는데 하늘에서
백마탄 왕자가 나타나
데려갔습니다.

얼마나 감사한지 혼자
울면서 감사드렸습니다.

5년 전 불치병으로
전주에서도 서울에서도
생존율 제로 판정을 받아
정말이지 천길만길 벼랑으로
떨어져 생명의 외줄에서
시간을 다투고 있을 때

그 때 가장 큰 절망은
두 번 다시 강단에 설 수

없다는 것이었습니다.

TV에서 설교하는 목사님들이
세상에서 가장 부러웠습니다.
그리고 병든 어머니를 두고
먼저 천국으로 가는 것이었습니다.
또한 유학 간 딸의 장래가
걱정되었습니다.

덮쳐온 정신병으로 지옥보다
무서운 절망의 골짜기를 헤맬 때
희망은 이 세상 그 어디에도
없었습니다.

붉은 용과의 영적 싸움은
에베레스트 보다 더 높은
바늘 끝에서 벌리는
전쟁이었습니다.

할 수 있는 일은
아파트 뒷산을 죽을힘을
다해 기어 올라가
하늘을 우러러 폭포수 같은
눈물을 쏟으며
통곡의 기도를
드리는 일이었습니다.

바닥없는 절망의 심연에서
오직 하늘 보좌를 향하여
울고 또 울었습니다.

뼈가 녹아내리는 참회의
기도를 드렸습니다.

지옥과도 같은 천만년의
고독 속에서도 감사기도를
올렸습니다. 수백천만번을……

그 때는 이 가을에
이렇게 감사의 기도를
드릴 것이라곤 꿈에도
생각할 수 없었습니다.

그런데 쓰러진지
4개월 만에 다시 강단에
서게 되었습니다.

물론 고난절 설교 한편을
위해 한 주간을 준비하였습니다.

아내 앞에서 여섯 번이나
연습을 하고 올라갔습니다.
지금은 그럴 필요가 전혀 없지만

또한 어머니는 내 손으로
장례 치러 편안하게
천국으로 보내드렸습니다.

그렇게도 걱정했던 딸은
유학을 마치고 착한 신랑에게
시집을 보냈습니다.

하여 좋으신 하늘
아버지께 끝없는 감사를 드리고 있습니다.

하늘의 아버지여!
자랑할 것이라곤 죄밖에 없고
드릴 것이라고는 허물 밖에 없는
불효한 아들 죄인 괴수입니다.

그럼에도 천사 같은 아내 주어
32년을 동역하게 하시고

샤론 들녘 백합화 같은 딸을
주어 시집까지 보내게 하시고
우주보다 귀한 성도 주셔서
40년을 목양케 하시오니
평생을 감사하옵니다.

수십 번을 죽음의 골짜기에서

건지사 오늘까지도 천국복음
전할 수 있는 기적을 주신 아버지

세상에 어느 누가 이 종과 같은
사랑과 은혜를 입은 자가
또 있사오리까

어찌하여야 이 은혜를
갚으오리까
어떻게 감사를 드려야
하오리이까

성은이 하해와 같사옵고
백골이 난망이옵나이다.

만사가 감사이오며
바다에 모래 알 보다
땅에 티끌 보다
하늘에 별 보다 더 많은
감사를 드리옵니다.

전에도 오늘도 장래에도
영원히 감사만 드리옵니다.

주여!
이 가을에는

감사만 하게 하소서.

내 심장이 멎는 그 순간에도
감사만 하게 하소서.
땅에서도 하늘에서도
감사만 하게 하소서.
영원히 영원히 영원히…….

영원으로 가는 길목에서

"··· 하나님께서 ··· 이르시되 너는 눈을 들어 너 있는 곳에서 북쪽과 남쪽 그리고 동쪽과 서쪽을 바라보라"(창세기 13장 14절)

「영원으로 가는 길목에서」를 읽고
주님께 드리고 싶은 기도는....?

맞춤형 무릎 기도문 시리즈

30일 작정 기도서

기도가 답입니다! – 그런데 그 기도는 구체적이어야 합니다.

**자녀를 위한
무릎기도문**

**가족을 위한
무릎기도문**

**자녀축복
안수기도문**

**남편을 위한
무릎기도문**

**아내를 위한
무릎기도문**

**태아를 위한
무릎기도문**

**재난재해안전
무릎기도문 – 자녀용**

**재난재해안전
무릎기도문 – 부모용**

**태신자를 위한
무릎기도문**

**새신자를 위한
무릎기도문**

**교회학교 교사
무릎기도문**

**아가를 위한
무릎기도문**

망망한 바다 한가운데서 배 한 척이 침몰하게 되었습니다.
모두들 구명보트에 옮겨 탔지만 한 사람이 보이지 않았습니다.
절박한 표정으로 안절부절 못하던 성난 무리 앞에 급히 달려 나온 그 선원이
꼭 쥐고 있던 손바닥을 펴 보이며 말했습니다.
"모두들 나침반을 잊고 나왔기에 … "
분명, 나침반이 없었다면 그들은 끝없이 바다 위를 표류할 수밖에 없을 것입니다.

삶의 바다를 항해하는 모든 이들을 위하여 우리는 그 나침반의 역할을 하고 싶습니다.
우리를 구원하신 위대한 주 예수 그리스도를 널리 전하고 싶습니다.

"하나님은 모든 사람이 구원을 받으며 진리를 아는 데에 이르기를 원하시느니라"
(디모데전서 2장 4절)

영원으로 가는 길목에서

지은이 | 최공훈 목사
발행인 | 김용호
발행처 | 나침반출판사

1판 발행 | 2015년 1월 15일

등 록 | 1980년 3월 18일 / 제 2-32호
주 소 | 157-861 서울 강서구 염창동 240-21
　　　　　블루나인 비즈니스센터 B동 1607호
전 화 | 본　사(02)2279-6321
　　　　　영업부(031)932-3205
팩 스 | 본　사(02)2275-6003
　　　　　영업부(031)932-3207

홈페이지 | www.nabook.net
이 메 일 | nabook@korea.com
　　　　　nabook@nabook.net

ISBN 978-89-318-1492-7
책번호 가-9045

값은 뒷표지에 있습니다.